冯林英 著

清代宫廷服饰

学苑出版社

图书在版编目（CIP）数据

清代宫廷服饰 / 冯林英著. —北京：学苑出版社，2019.1

ISBN 978-7-5077-5351-6

Ⅰ．①清… Ⅱ．①冯… Ⅲ．①宫廷－服饰－中国－清代 Ⅳ．①K875.22

中国版本图书馆CIP数据核字（2017）第253937号

责任编辑：战葆红　乔素娟
出版发行：学苑出版社
社　　址：北京市丰台区南方庄2号院1号楼
邮政编码：100079
网　　址：www.book001.com
电子信箱：xueyuanpress@163.com
联系电话：010-67601101（营销部）　67603091（总编室）
经　　销：新华书店
印　刷　厂：北京赛文印刷有限公司
开本尺寸：889×1194　1/16
印　　张：20
字　　数：300千字
版　　次：2019年3月北京第1版
印　　次：2019年3月第1次印刷
定　　价：380.00元（精装）

目 录

序言/1

前言/1

第一章 中国服饰文化的巅峰：清代宫廷服饰/1

一、中国服饰文化的变迁/3
二、清代宫廷服饰在中国服饰文化中的显赫地位/7
三、完备的清代宫廷服饰制度/10
四、清代宫廷服饰的典型特征/24

第二章 清代宫廷服饰的分类/35

一、礼服/37
二、吉服/55
三、常服/87
四、行服/99
五、雨服/105
六、戎服/110
七、便服/125
八、官员服饰/168
九、宗教服饰/178
十、冠、帽/185
十一、佩饰/197
十二、靴、鞋、袜/221

第三章 清代宫廷服饰制作 /227

一、规模空前的御用机构 /229
二、花样繁多的织造品种 /236
三、巧夺天工的工艺技法 /243
四、一览无余的制作全景 /250

第四章 多姿多彩的清代宫廷服饰纹样 /255

一、以动物为题材的纹样 /257
二、以植物为题材的纹样 /264
三、以人物和吉祥语为题材的纹样 /267

第五章 清代宫廷服饰的鉴藏与保养 /281

一、清代宫廷服饰的市场现状 /283
二、清代宫廷织绣服饰的真伪鉴别 /290
三、丝、棉、麻、毛等材质收藏品的日常管理与保护 /293

图录 /297

序 言

清代宫廷服饰是故宫博物院最具特色的古代文物收藏品之一。十多万件的清代宫廷服饰藏品，在故宫博物院藏品总量中占有着相当大的比重。这里所收藏的清代宫廷服饰藏品，其年代之全、品类之广、工艺之精美、品相之优良，更使之成为故宫博物院丰富、精美的古代艺术收藏品中极为重要的组成部分，是一项保存完好的、独特而珍贵的古代历史文化遗产。

衣冠服饰不仅是人类生活的要素，更是人类文明的标志。中国是一个历史悠久的文明古国，素有"衣冠王国"之称，其服饰文化正是其源远流长的古代文明中最显著的标志之一。

历史上服饰的演进，无不与生产力的进步、文化的发展以及政治制度的更迭紧密联系。从一部服饰的发展史能够很清晰地看到来自各时期政治的、经济的、文化的、科技的，甚至包括军事和宗教的影响。从这一点上说，清代宫廷服饰是清代中国社会政治、经济与文化的一个高度统一的载体。

清代虽然是满族所建立的中国社会的最后一个封建王朝。但在经过康、雍、乾三朝不断的恢复与发展，依然呈现出了一个历史上著名的"康乾盛世"。反映在清代服饰文化上，则不仅是极大地丰富和完备了详尽的冠服制度，更制作出了一件件精美绝伦、五光十色的宫廷服饰，与服饰相关的纺织及刺绣技术在这一时期也达到了空前的、炉火纯青的水平。正如冯林英先生在本书中所言：清代宫廷服饰是中国服饰文化的巅峰。

冯林英先生1978年起进入故宫博物院工作，曾先后担任过故宫保管部织绣组副组长、组长。踏实的工作作风以及严谨的治学态度，再加上长期在藏品库房中从事织绣服饰类文物的整理及研究工作，使得冯林英先生能够较快地对故宫博物院所藏清代宫廷服饰，有较为全面的了解和深入的研究。冯林英先生曾于1999年，率先出版了国内较早的系统介绍清代宫廷服饰的专著《清代宫廷服饰》。

此次的新版《清代宫廷服饰》，正是冯林英先生在其之前所著旧版的基础上，倾其数十年在清代宫廷服饰方面学习与研究的成果而完成。新版《清代宫廷服饰》在文字、图片、开本、装帧及印刷上，比旧版都有了跨越性的提升。该书不仅阐述了清代宫廷服饰的渊源、特征，以及清代独特服饰制度的逐步形成，还将故宫博物院收藏之清代宫廷服饰藏品分成十二大类，分别加以详细介绍。同时，对清代宫廷服饰的制作流程、清代高超的织绣手工艺、丰富的服饰纹饰，还有宫廷服饰的外流、市场价格以及如何鉴别、收藏和管理古代织绣服饰艺术品等相关内容，都分别做了专门的介绍。

新版《清代宫廷服饰》内容丰富、文字流畅、图片精美，是一本读者了解清代宫廷服饰的不可多得的好书。

2018年8月

前　言

　　故宫博物院以其占地72万平方米宏伟的古代宫殿建筑群，和180余万件珍贵的文物收藏，而成为世界最著名的博物馆之一。每天，数以万计来自世界各地的参观者，无不为壮美的紫禁城和精湛的古代艺术品所陶醉。清代宫廷服饰是故宫博物院丰富、精美的古代艺术收藏品中极为重要的组成部分，是一笔珍贵的历史文化遗产。

　　1999年，国内曾出版过我所编著的《清代宫廷服饰》，这在当时是国内较早的、系统的介绍清代宫廷服饰的图书。这次学苑出版社的新版《清代宫廷服饰》，不仅弥补了前者存在的一些缺憾和不足，更在文字、图片、开本、装帧及印刷上都做了全面的提升，力求做成一部当前最好的清代宫廷服饰专著。

　　新版《清代宫廷服饰》分为：中国服饰文化的巅峰——清代宫廷服饰、清代宫廷服饰分类、清代宫廷服饰制作、多姿多彩的清代宫廷服饰纹样以及清代宫廷服饰的鉴藏与保养等五章。书中内容包含了中国服饰文化的产生及发展；满族的沿革及清代冠服制度的确立；清代宫廷服饰的基本内容、主要特征及织绣艺术的辉煌成就；江南三织造的兴衰；清代宫廷服饰的制作流程、织造品种、工艺技法及服饰纹样；宫廷服饰的外流、市场价格，以及如何鉴别、收藏和管理古代织绣服饰艺术品等相关内容。

　　为了让读者能够通过阅读本书，对清代宫廷服饰有一个较为全面清晰的了解。本书在清代宫廷服饰分类一章中，按照以下方法进行分类及编排：

1. 故宫博物院收藏的清宫服饰非常丰富，本书则依据清代冠服制度、参考宫廷服饰藏品的实际情况及博物馆藏品管理的相关要求，将其分为礼服、吉服、常服、行服、雨服、戎服、便服、官员服饰、宗教服饰、冠帽、配饰、靴鞋袜等十二类分别加以介绍。

2. 在每个类别内，一般按先男服后女服两个部分介绍。对于每一部分中又含多个子项的，按顺序介绍。例如礼服类中皇帝礼服按朝袍、端罩、衮服排序；后妃礼服按朝袍、朝褂、朝裙排序。各类别中所选藏品，均按年代先后顺序编排。对于个别尚不具备精确断代条件的服饰藏品，以"清""清中期"或"清晚期"标注并排在适当位置。由于清代宫廷服饰除皇帝、皇后服饰外还包括皇子、众妃嫔、王公以及文武百官服饰，故本书中，凡没有另设类别的，基本遵循先尊后卑原则。

3. "物固有形，形固有名"（《管子·心术上》）。关于博物馆藏品的定名，我曾在1990年第四期《中国博物馆》上发表过题为《藏品定名中的若干问题》的专门阐述（该文后被收录到国家文物局和中国博物馆学会合编的《博物馆藏品保管文集》中）。藏品名称昭示着藏品的特征和类别属性。准确的名称对于藏品的管理和利用来说至关重要。但由于各方面的原因，在以往的一些涉及清代宫廷服饰的展览和出版物中，依然存在着个别藏品名称不准确、不规范的情况。对此，在本书采取的方法是：基本尊重和保留藏品的现有名称，但对名称中存在较明显偏差的，做出调整和纠正。例如本书所收录原名为"石青色缎缀绣八团喜相逢夹褂"和"红缎绣瓜瓞绵绵棉袍"两件藏品，单独看似乎没什么不妥。问题在于清代冠服制度不是按单、夹、棉划定的，以"夹褂"和"棉袍"给宫廷服饰定名就属不规范。故本书在此次编辑时将其重新调整为"石青色缎缀绣八团喜相逢吉服褂"和"红缎绣瓜瓞绵绵吉服袍"。除此之外，本书还对部分藏品名称中明显存在的时代、颜色或纹饰等不妥之处进行了调整。

4. 本书在章节安排、文字阐述和照片资料的选配上，力求做到脉络清晰、分类科学、资料丰富、表述准确、图文并茂、雅俗共赏。同时有选择地对与清宫服饰有关的知识适度延展，使这本《清代宫廷服饰》兼具资料性、知识性、实用性及观赏性，可较好的满足各类读者学习、了解和欣赏清代宫廷服饰的不同需求。

希望这部新版《清代宫廷服饰》，能够以完美的形式和独特的视角诠释中华服饰的灿烂文明。相信读者对它的每一次阅读都是发现美、了解美、欣赏美的愉悦过程。清代宫廷服饰的艺术宝库博大而深邃，里面不仅有无尽的精彩供我们去欣赏，也有不少的谜团等待我们去解开。受学识所限，拙作《清代宫廷服饰》仍不免有缺憾与不足，诚望读者见谅并不吝赐教。

感谢故宫博物院常务副院长王亚民先生的鼎力支持，并为本书拨冗作序；感谢原故宫博物院副院长谢方开先生为本书题写书名；感谢学苑出版社社长孟白先生及编审战葆红女士的倾心帮助。感谢高慧女士、陈莹女士及冯帆先生在相关资料的搜集、整理、筛选、拍照以及录入等方面给予的大力帮助。

本书编写过程中阅读并参考了大量历史文献和资料，在即将付梓之际，特向各位先贤表示诚挚的谢意！

第一章

中国服饰文化的巅峰：清代宫廷服饰

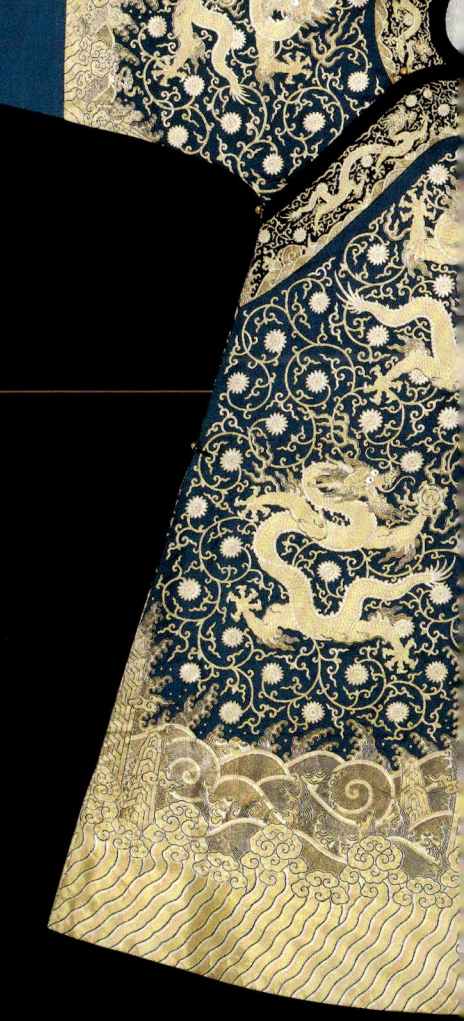

在中华民族壮丽而辉煌的历史长河中，服饰文化是其中最优秀、最丰厚和最灿烂的组成部分。历史上，人类社会生产力发展水平和社会进步程度的高低，影响和决定着服饰的起源、演变和发展。服饰则又从一个侧面，鲜明地映衬出历史上各个时期在社会制度、思想文化、科学技术、审美情趣、宗教信仰、生活方式以及风俗习惯等方方面面的进步和变迁。唐人孔颖达在为《尚书》所做的注疏中曾说："中国有服装之美，谓之华；有礼仪之大，谓之夏。"由此可以看出，我们的先人不仅把形容衣冠礼仪的"华"和"夏"作为自己的族称，而同时也把"衣冠"作为了华夏文明的象征，足见古人对服饰标榜文明、彰显礼仪作用的高度认知和推崇。通观数千年的中国历史，华夏民族的确无愧于"衣冠王国"的美誉和桂冠。

我国的服饰文化内容丰富、源远流长。不同时期、不同民族、不同地域的服饰文化艳丽多姿，共同构成了一部宏伟绚烂的中国服饰文化史。在这当中，清代宫廷服饰以其森严完备的冠服制度、丰富翔实的文献记载及完整精美的实物遗存，成为服饰百花园中最丰硕、最灿烂的花朵，是中国古代服饰文化的巅峰。

一、中国服饰文化的变迁

（一）蒙昧时期

我国历史上服饰的出现、形成和发展经历了一个相当漫长的过程。在原始社会的早期阶段，人类为了生存下来，出于御寒保暖的生理需要和某些生产劳动（如狩猎等）要隐蔽身体的需求，本能地就会用一些整张的动物皮毛或植物叶片，直接覆在身体上。再后来，当人类社会进入新石器时代早期的时候，人们开始使用经过磨制的石器，将动物皮毛按需要做一些简单的裁、割，然后再围或套在身上。这显然已经比将整张动物皮披在身上更加便利可体和舒适美观。这种因人体需求对兽皮进行简单裁割的行为，是服饰产生的标志性的原始动力，经过简单加工的动物皮毛即人类服饰的雏形，或可称之为原始服饰。

1930年，在北京房山周口店的龙骨山古人类遗址，发现了距今约两万年前的山顶洞人化石和生活遗存。在这个遗址中，出现了一件在中国服饰文化史中非常重要的文物——用兽骨制成的骨针。这枚骨针长82毫米，最粗处直径3.3毫米，针尖锐利，针身圆滑而略弯，针的尾端有微小的针眼。该骨针除在针眼处略有残缺外基本保存完好。在当时的生产力条件下制作这样的一枚骨针是一件非常了不起的事情，必须要经过对兽

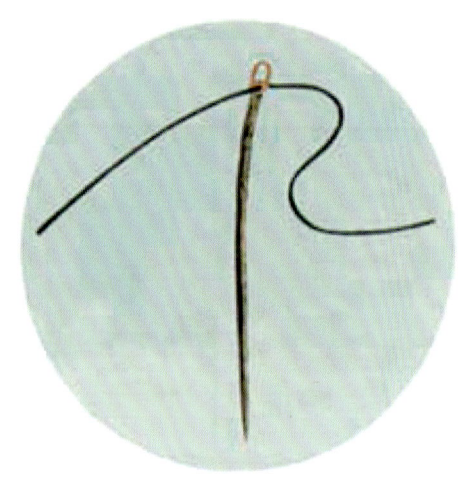

山顶洞人的骨针

骨进行准确的切割,然后再经过精细的刮削、打磨以及挖掏针眼等多道工序才能完成。

从服饰发展的角度来看,这枚骨针的出现所代表的,不仅仅是人类制作生产工具的能力,还在于它在我国物质文化史,特别是服饰文化史上具有重大意义。这枚骨针是我国发现最早的也是世界上目前所知最早的缝纫编织工具。骨针的出现明确表明,我们的祖先在这一时期已能够通过穿针引线来缝缀简单的衣着了。有了骨针,一张张大小不等、毛色各异的兽皮在形状、尺寸,甚至成色上的局限就被打破了,而随心所欲地将裁割后的兽皮,通过缝纫连缀成更可体、更完整、更美观的服饰便成为可能。如果说在此之前所谓的衣服只能披或裹在身上的话,自从有了针,衣服才真正可以穿在身上了。因此,骨针的出现标志着我国原始服饰的发展,从此进入了一个新的阶段,即从原始服饰向服饰过渡的时期。

(二)过渡时期

当服饰发展进入到过渡时期时,虽然其主要功能还是御寒和蔽体,并且仍旧十分简陋和原始,但它不但与动物靠自身皮毛来保护身体、抵御寒冷的自然属性有着本质的区别,更重要的是同早期人类将兽皮披在身上的做法相比,明显增加了通过裁剪缝缀使之更加适合穿戴、更加舒适和更加美观的内容。当御寒、蔽体和美化这三大功能的雏形同时兼备的时候,特别是当美化功能开始萌现的时候,原始服饰便已悄悄踏进了向完整意义服饰的过渡时期。

1972年在河北武安磁山等地发现的磁山文化,是一处新石器时期文化遗存,但它突破了同属新石器时期的仰韶文化的考古年代。在这处遗址中,发现了距今约七千年的纺轮,而纺轮的出现则说明:从这时起,人类用来制作服饰的原料不仅限于兽皮和禽羽,而是已经可以利用植物或动物纤维通过纺纱织成布帛,而后再经裁剪制成衣服了。在《礼记·礼运》中有如下记载:"昔者,先王未有宫室,冬则居营窟,夏则居橧巢。未有火化,食草木之实、鸟兽之肉，饮其血茹其毛。未有麻丝，衣其羽皮……后圣有作，治其麻丝，以为布帛。"关于这一点，先后有江苏草鞋山及浙江钱山漾新石器遗址出土的麻纤维织物残片可以印证。另据《史记》记载："黄帝之前，未有衣裳屋宇。及黄帝造屋宇，制衣服，营殡葬，万民故免存亡之难。"

特别值得注意的是从这一时期起，我们的祖先发现并逐渐把一种野生的蚕驯化成家蚕，然后利用其吐出的蚕丝纺成丝线，并织出了柔软精美的丝织物。在殷商墓葬的考古发掘中，曾不止一次地发现形态逼真的玉蚕，在同期的甲骨文中也出现蚕、桑、丝、帛等文字，这些都充分说明，当时的养蚕业在社会生产中已经占据了十分重要的位置（大约在魏晋南北朝时期，我国的养蚕技术才陆续传到了日本、印度、法国和意大利等国）。蚕丝以其独有的纤细、

新石器时期陶纺轮

光滑、强韧、柔软等特性一举成为从古到今最高贵的服饰原料之一。

在距今五千多年前的仰韶文化时期，由于原始农耕、养蚕和纺织的出现及发展，服饰的功能日趋完备，服饰所用的材料也日渐丰富。从这一时期开始，服饰中御寒、蔽体的功能退居到了次要的地位，越来越突出的是其美化功能的彰显。服装的式样多了起来，穿在身上也更加规整合度。此时人们除制作好看的衣服外，还利用兽牙、兽骨，以及玉石等加工成各种装饰品，佩于项间或戴在身上。至此，从内涵到形式再到功能，完整意义的服饰已经形成。

（三）完善时期

夏商以后，冠服制度随着阶级的产生而开始出现。在"严内外，辨亲疏，别等级，定尊卑"的宗旨下，逐步建立起了服务于统治阶级的冠服制度。服饰的式样、用料、纹饰、颜色，特别是等级、用途等，都被当作律令而明确加以规定。至西周，冠服制度已基本完备。

西周的冠服制度是当时礼仪、等级制度的重要组成部分，使贵贱有等、衣饰有别。

上自天子、卿士，下及庶民百姓，服制各有等差。周代礼仪分为吉、凶、军、宾、嘉五类，俗称五礼，并专设有"司服"一职，专门管辖各种礼仪服制的实施。在《周礼·春官》中就有"司服掌王之吉、凶衣服，辨其名物，与其用事"的记述。除此，在西周时期还出现了专门司掌纺织、练漂、染色以及服装制造的机构。自周代以后，服饰制度所特有的鲜明的等级辨识和尊卑教化的重要功能，得到了历代统治者的高度重视。自此直到清代，历代君王在改朝换代之时，都会在继承传统服饰制度的前提下，修订更完备、更适合于当朝统治者的新的冠服制度，并以此作为王朝更迭的显著标志和维系新政权统治秩序的重要工具。

周代后期，社会各方面都进入到一个相对的活跃期。诸子百家的学说对服饰的变化、完善亦产生了一定的影响，各个诸侯国之间在衣冠服饰形制及风俗习惯上开始也有一些差异。但作为统治制度重要内容的冠服制度，却不仅没有受到冲击，反而继续完善巩固，其作用和影响也进一步扩大。自此，服饰制度被纳入了"礼治"的范畴，成了当时社会普遍尊崇"礼仪"的表现形式之一。从这一时期开始，我国的衣冠服饰制度日臻完善、详备，对社会生活各方面的影响和作用也更加广泛和突出。

综上，我国服饰文化的发展分为三个阶段：即新石器早期的原始服饰阶段；新石器中晚期的原始服饰向服饰逐渐过渡和完整意义的服饰形成的阶段；以及在阶级社会出现后，服饰制度逐渐形成并不断成熟完善的阶段。在原始服饰阶段：人们着装虽已出现一些美化的意识，但御寒、蔽体依然是这一时期服饰所具有的最主要的功能。在服饰的形成阶段，由于骨针的出现以及后来种麻、养蚕的普及和纺织技术不断突破，使人类的审美价值也越来越多地在服饰上得以体现，服饰的美化功能得到了明显的强化和突出。在服饰制度的产生完善阶段，服饰的自然属性更多地被统治者实行的相关制度所约束。服饰在维系社会秩序、道德伦理、尊卑等级方面发挥着重要作用，逐渐成为统治阶级维护统治的重要手段。

二、清代宫廷服饰在中国服饰文化中的显赫地位

（一）代表中国服饰文化的最高成就

清代是我国服饰文化发展的巅峰时期。其宫廷服饰更以其制度详尽完备、分类细致明确、款式多种多样、色彩及纹饰多姿多彩而成为服饰史上最亮丽的一道风景线。作为服饰文化主要载体的丝织和刺绣艺术，以及各种配饰和首饰的设计和制作在这一时期都达到空前的水平，并得到了淋漓尽致的运用和发挥。

清代宫廷服饰都是在其官营的织造局里生产的。清朝在江南的南京、苏州、杭州地区专门设立了江宁织造局、苏州织造局和杭州织造局，这三个织造局又被统称为"江南三织造"。作为皇家的御用织造机构，"江南三织造"的产品主要用于满足当时清代最高统治者的宫廷生活需要。因此，"江南三织造"在工艺上一向追求完美，制作上从来不惜工本。"江南三织造"的产品在继承前代纺织刺绣技术优秀成果的基础上不断地有所创新和发展，其丝织品种更加丰富多彩，织绣技术愈发巧夺天工。因此，无论是从完备的服饰制度、丰富的花色品种还是高超的工艺质量上说，"江南三织造"所生产的清代宫廷服饰都代表着我国服饰文化的最高成就。

(二) 代表中国织绣艺术的最高水平

清代宫廷服饰所采用的丝织品的种类及工艺手法非常丰富，主要有以下几种。

缎类织物：缎类织物一般手感柔软、质地厚重。在清代宫廷服饰中所用的缎类织物有素缎、暗花缎、二色缎、织金缎、闪缎、鸳鸯缎等。由于缎纹组织特有的长浮线，使得织物表面呈现出平滑光亮的特性，高雅华贵。缎类织物是清代宫廷服饰中最常用的面料之一。

绸类织物：绸类织物一般都比较厚重结实，多用作春秋服装面料。清宫服饰所用绸类织物有江绸、织金绸、暗花绸、春绸、绉绸等。

绫、纱、罗等类织物：这类织物的共同特点是轻薄、柔软、透气，故多用于夏季面料或做服装衬里。清宫服饰所常用的此类丝织品种有暗花绫、直径纱、实地纱、芝麻纱及素罗等品种。

清代宫廷服饰上用来表现纹饰的手段，若从工艺上区分的话主要可分为织（提花）和绣（刺绣）两种。织——是指在织物织造的同时运用不同的提花工艺，一次织成带有纹饰的布匹。提花工艺当中又有暗织和彩织之分。暗织是用同色丝线以变换织物组织的方法表现花纹，如暗花绸、暗花缎；彩织是运用两种以上的色线，采取机织或手织的方法表现花纹，如各种锦、妆花、缂丝等。绣——通常是在素地或暗花织物上以各种颜色的丝线，通过手工刺绣的方法来表现花纹。清代宫廷服饰上的刺绣多为历史悠久、技法丰富的苏绣。

在清代，提花与刺绣两种工艺不分伯仲，都达到了炉火纯青的水准，但二者的工艺流程和艺术特色却各有千秋。除缂丝外，织花的绝大部分都是在织机上成批织造的。经过数千年的发展，清代的织机和织造技术已经非常成熟和先进，因而，机织产品有质量稳定、产量高的特点。而且，除少量必须要用花楼机等复杂织机和优秀机工才能完成的多彩织锦和妆花织物外，绝大多数提花织物的成本相对于刺绣来说会较低。但机织也有不足，即花纹的复杂程度、花纹的单元尺寸及所用色彩的数量等都会受到一定限制。特别是提花所用的花本一经编制完成并上机后，织造中途很难修改。刺绣与机织相比差异十分明显，绣花不仅构图、用色随心所欲，花纹的大小、繁简也基本没有限制。因此，单就艺术表现力来说，绣花要强于织花。但刺绣与机织相比，除效率一般会比较低外，还由于刺绣是在已有织物上进行，成本也是叠加的。再者，由于刺绣是靠绣工逐针逐行来完成的，每个工匠个体间存在的技术水平差异和不同的工作状态，都会直接影响到绣品的质量。这一点在晚清宫廷服饰上就比较明显，由于是机织，晚清时期的织物与清中期的织物相比，很少能看出有质量上的差别，但晚清时期不少宫廷服饰上的绣工，就很难和清中期的绣工相提并论了。

清晚期时，宫廷内后妃便服呈现出艳丽多姿、五彩缤纷的景象。不仅色彩愈加丰富，纹饰题材愈加广泛，款式也趋于多样化，成为清代宫廷服饰中的一朵奇葩，此时还流行在衣服的领袖边及衣边镶以多重绦边（也称绦带）的做法，与其相应的是织造局生产出了大量图案丰富、色彩艳丽、宽窄不等的各式绦边。

清代宫廷服饰以其完备的典章制度、丰富的实物资料、独特的服饰风格、精湛的工艺水平而代表着中国服饰文化的最高成就。这些清代宫廷服饰所反映出的在纺织、刺绣工艺等方面的成果，以及在色彩搭配、图案构成等装饰技巧上的应用，则代表着我国历史上织绣艺术的最高水平。因此可以说，清代宫廷服饰是中国服饰文化的巅峰。

故宫博物院收藏的以清代帝后服饰为主的清代宫廷服饰，品类齐全，数量繁多，品质绝佳。所藏服饰实物与《大清会典》基本吻合并可以相互对照印证，是一笔极其丰富和宝贵的中国古代服饰文化遗产。数以万计精美绝伦的清代宫廷服饰文物涵盖了从清初到清末整个清代两百多年的历史，堪称中国乃至世界最完整、最绚烂的服饰艺术宝库。

三、完备的清代宫廷服饰制度

(一) 历史背景：满族溯源

发源于我国北方的少数民族——满族，在历史上称作女真。1616年努尔哈赤首先统一了女真各部，建立了"后金"政权。1635年皇太极开始改女真为满洲，简称满族。1636年，皇太极在沈阳改国号为大清。1644年福临继位并于同年入关，随后逐步统一全国，建立起中国历史上最后一个封建王朝——清朝。

满族历史悠久。其族源可追溯到公元前中国史籍中所记载的肃慎人。肃慎人开始生活在黑龙江、乌苏里江和松花江流域一带，东临大海。在后来的史书中，肃慎也被称为"挹娄"，其中有些部落迁徙到今吉林省和辽宁省东北部。到了南北朝和隋唐时期，肃慎（挹娄）的后人又被称为"勿吉"和"靺鞨"。在经济和政治上，满族的先民与中原王朝一直有着密切的联系。隋炀帝就曾封其首领突地稽为"辽西太守"，后来唐太宗再封其为"右卫将军"。

7世纪，一部分靺鞨人东迁，在松花江上游、长白山之北，建立了"震国"，其首领大祚荣曾经被唐玄宗封为"渤海郡王"。唐中期，渤海统一了拂涅、号室等部，建立了北至松花江下游、南至朝鲜半岛北部、东临大海、西南达今辽宁省北部及东部，并延续两百多年的渤海国。

在靺鞨部落当中，有一支生活于今黑河市爱辉区以东、依兰县以北的黑龙江下游地区的部族——黑水部。唐玄宗时，曾封黑水部首领倪属利稽为"勃利州刺史"，后又相继设立黑水军、黑水府等。在渤海国被辽所灭以后，黑水靺鞨开始向南迁移。在《辽史》中，此时的契丹人称黑水靺鞨为"女直"（"女直"便是"女真"，称"女直"是为避辽兴宗耶律宗真之讳）。从此，靺鞨这一称谓便被"女真"所取代。

北宋初年，女真部落中的完颜部逐渐强盛，统一了今吉林省以北各部女真。1114年，其首领阿骨打起兵反辽，翌年，建立金政权，此后用十年时间灭掉辽，两年后又征服了北宋，并将都城从早期的上京（今黑龙江阿城区南）迁到中都城（今北京）。南宋嘉定七年（1214）七月，金都南迁至汴梁（今开封）。1234年，金被宋蒙联军南北夹击而灭亡。

元末明初，一部分女真后人南迁，到达吉林省和辽宁省北部及东部一带定居。此时的女真人大致分为三大部分，分别被称为"建州女真""海西女真""野人女真"，其中建州女真分布于以今辽宁省境内的浑河流域为中心，南抵鸭绿江，东达长白山北麓和东麓的地域中。建州女真就是后来形成满族的主要成员。

在推翻元朝政权以后，明朝统治者在很长一段时间，一直将北疆防御的重点放在对付武力仍不可小觑的北元蒙古各部，对辽东女真则疏于防范。建州女真首领爱新觉罗·努尔哈赤（1559—1626）便

清太祖努尔哈赤像

清太宗皇太极像

利用这一时机发动了统一女真各部的战争。明万历二十一年（1593），努尔哈赤首先统一了建州女真各部落。嗣后，便开始了统一女真各部的行动。1616年努尔哈赤在赫图阿拉（后改兴京，今辽宁省新宾满族自治县）即汗位，建元天命，国号曰"金"，史称"后金"。

明万历四十六年（1618），努尔哈赤亲率八旗劲旅，以报祖父之仇为名公开反明。1619年3月，取得对明军主力杜松部的决定性胜利，从此，后金从防守转入进攻阶段。1621年3月，努尔哈赤和诸贝勒率领大军，围攻沈阳，打败了七万明军守城部队，攻占了沈阳城。明天启五年（1625）二月，后金迁都沈阳。1626年在攻打锦州、宁远时，努尔哈赤身受重伤，于当年8月去世，其八子皇太极即汗位，改元天聪。

后金天聪九年（1635）十月十三日，后金国汗皇太极颁布了一项极为重要的命令。在这项命令中说：我国原有满洲、哈达、乌喇、叶赫、辉发等名，向者无知之人往往称为诸申（女真）。夫诸申之号乃席北超墨尔根之裔，实与我国无涉。我国建号满洲，统绪绵远，相传奕世。自今以后，一切人等，止称我国满洲原名，不得仍前妄。（《清太宗实录》卷二十五）自此以后，"满洲"作为唯一的、正式的称谓被固定下来。直到今天，满族人还将农历十月十三这一天视为自己民族的诞生日，称为"颁金节"。

1636年皇太极在盛京（今沈阳）即帝位，改国号为"大清"。1643年皇太极逝世，福临继位并于次年改元顺治。1644年，李自成的农民军攻进北京城，崇祯皇帝走投无路，在煤山（今景山）自缢，明朝灭亡。清军趁农民政权立足未稳，收买明将领山海关总兵吴三桂，大举入关，赶跑了李自成，彻底推翻了明朝的统治，建立起清王朝。从这一刻直至1911年辛亥革命为止，清朝一共持续了二百六十七年。

（二）清代服饰制度的形成

清朝虽然是由少数民族满族建立的政权，但从努尔哈赤起到后来的每一个清朝皇帝都深受着汉文化的影响，特别是对自周代以来有效维护了统治者权威和尊严的冠服制度，更是倍加推崇。在中国服饰史上，清代宫廷服饰是历史上宫廷服饰中内容最丰富、等级最森严的。它既继承和吸收了历史上传统冠服制度的核心成就，又鲜明地保持了满族服饰的突出特征。然而，清代服饰制度的形成却经历了一段曲折甚至惊心动魄的过程。

1. 剃发易服

就在清军于明崇祯十七年（1644）刚刚入关时，清统治者就曾颁发过"剃发令"[1]。但此时在南方有不少地区仍处于南明势力的控制之下，各路农民军的反抗亦起伏不定。因而，清统治者为了尽快稳定统治秩序，减少汉族的对立情绪和抵触反抗，很快就将这个剃发令予以废止。与此同时，在统治制度及政策上，也较多地采取了相对温和的、与汉族相互妥协的政策。因而，也就没有立即建立和推行新的服饰制度。据（清）王家桢《研堂见闻杂录》所载："我朝之初入中国（指关内）也，衣冠一仍汉制，凡中朝臣子（指明原有官民）皆束发顶进贤冠，为长袖大服，分为满汉两班。"《东华录》也有类似的记载："顺治元年谕兵部曰……予曾前因归顺之民无所分别，故令其剃发以别顺逆，今闻甚拂民意，反非予以文教之本心矣，自兹以后，天下臣民照旧束发悉从其便。"

然而，清朝统治者在刚入关时所采取的温和政策，仅仅只是一时的权宜之举。很快，在时隔一年后的顺治二年（1645），南方诸省均已被清军控制，清统治者便认为此时大

---

[1] 清初刚刚颁布剃发令时，只允许汉族男子按照清初满人的风俗在其头顶保留金钱大小一片头发，凡大于一钱者便要处死。而且这一小撮蓄发要编做手指粗细的小辫子，辫子还得能穿过铜钱的方孔才算合格。满人称这种发式为金钱鼠尾。这种男子发式后来经过了长期的演变，最终变成从头顶至前额剃半个光头，从头顶至脑后蓄发并编成一条长辫垂下的样式。

势已定，江山已稳，于是毫不犹豫地重新启动了中国历史上规模最大的服饰变革，再次颁布剃发令宣告天下。令称："自今布告之后，京城限旬日，直隶各省地方自部文到日亦限旬日尽行剃发，若规避惜发，巧辞争辩，决不轻贷。"严苛的剃发令在大江南北强力推行，以致坊间竞相流传有"留头不留发，留发不留头"之语。关于剃发令的再次颁发还有一种说法，即清兵进军江南后，汉臣孙之獬受到其他大臣的排挤，恼羞成怒之下向摄政王多尔衮提出重新颁发"剃发令"并被采纳。

剃发仅仅是服制改革的前奏。发饰改变后，1645年7月9日，清政府紧接着颁布了"易服令"，并规定"官民既已剃发，衣冠皆宜遵本朝之制"。时隔一年，又新定官民服制颁布天下，并严格执行。

拥有悠久历史和灿烂文化的汉族，自古以来就非常重视本民族的文化传统。《孝经》有言："身体发肤，受之父母，不敢毁伤，孝之始也。"自古以来，汉人不论男女在成年之后就不可剃发，而是把头发绾成发髻盘在头顶上，这一民族传统几千年来世世代代都遵从着。而剃发令的颁布，不可避免地导致了汉族民众同清政府之间出现激烈的护发与剃发的斗争。对此，清朝统治者对反抗剃发令的汉族人进行了残酷的镇压。《研堂见闻杂录》中的记载就颇能说明当时情况："功令严勒，方巾（明代士人所戴之巾）为大禁，士遂无平顶帽者，私居偶戴方巾，一夫窥间，惨祸立发。琴川二子，于按公行香日，方巾杂众中，按公瞥见，即杖之数十，题疏上闻，将二士枭首斩于市。"1645年发生的"嘉定三屠"[1]事件也是因"剃发易服"引起。可见，汉族民众为保护世代相承的文化传统与清政府进行的斗争异常惨烈。

事实上，对汉人推行所谓的"剃发易服"政策早在清入关前就已经开始了。那时凡清军攻占一个明王朝所占地区，均即令当地官民剃发。只是在入关后不久清政府才在全

---

1 嘉定三屠，指1645年（南明弘光元年，即清顺治二年）发生在嘉定的一个历史事件。其经过大致是：清军颁布剃发令，嘉定百姓拒不从命。乡绅侯峒曾带领嘉定绅民起义反清，清吴淞总兵李成栋立即领兵五千来攻。嘉定城破，清将李成栋下令屠城，嘉定城中大约共有三万多人遇害。就在李成栋屠城后率军离开嘉定城不久，侥幸逃脱的幸存者开始潜回嘉定城里，并在一个叫朱瑛的人领导下，重新集结起来两千多人，在这座残破的城市展开了一场顽强的抗清战斗，包括处死了清军委派的官吏和一些归降清军的人。二十多天后，南明遗将吴之番率余部猛攻嘉定城，城内外民众也纷纷响应，杀得城内清兵大溃出逃。但不久，李成栋整军反扑，不仅把吴之番余部砍杀殆尽，还又屠杀了近二万刚刚返城避乱的民众，一时间嘉定城内外血流成渠。这场由剃发易服引起的满汉之间此起彼伏的斗争，最终以满族统治者获胜而告终，汉族大部分生者都剃发结辫，改穿满族衣冠，坚持不愿改换衣冠者要么被杀，要么出逃海外或遁入空门，带发修行。

国范围内以"剃发令"的方式强制推行剃发易服而已。

　　清政府之所以要坚守满族遗风，与他们对本民族传统的认识有关。清统治者一向认为"我朝初以马上得天下""一代冠服自有一代之制"。崇德元年（1636），清太宗皇太极就曾告诫臣僚："先时儒臣巴克什达海·库尔缠屡劝朕改满洲衣冠，效汉人服饰，见朕不从，辄以为朕不纳谏。朕试为此谕，如我等于此聚集，宽衣大袖，左佩矢，右挟弓，忽遇硕翁科罗巴图鲁·劳萨挺身突入，我等能御之乎？若废骑射，宽衣大袖，待他人割肉而后食，与尚左手之人何以异耶！朕发此言，实为子孙万世之计也，在朕身岂有变更之理。恐后世子孙忘旧制，废骑射以效汉人俗，故常切此虑耳。"乾隆年间，当朝中又有人重提学习汉服之议时，也招致乾隆的严加斥责。一日，乾隆着汉式冕旒衮服召见亲近大臣，问大家，看他像不像汉人。一老臣对曰："皇上于汉诚似矣，而于满则非也。"乾隆当即顺势对诸大臣训诫道："朕每敬读圣谟（皇太极祖训），不胜钦懔感慕。我朝满洲先正之遗风，自当永远遵循，守而勿替。"（《清高宗实录》卷四）此后，在乾隆三十年（1765）再下圣谕："衣冠必不可轻言改易。"

2. 变革与继承

　　清初，清朝虽然实行了大规模的甚至是严酷的服饰改革，但在许多方面仍然沿用或继承了明代及以前的服饰制度。特别是在清代冠服制度里最重要的礼服和吉服上，就很大程度地遵循了自周代以来就一直沿用下来的中国传统服制。例如，清代宫廷礼服类里的皇帝朝袍，就仍然承袭旧制做成上衣下裳连属形式，只是将以往朝袍宽大的衣袖改为满族特有的窄袖，并加装了马蹄袖口。再如，清代冠服制度不仅延续了自古以来礼服中的衮服之制，还将明代官服上的补子也全部加以继承，依然以文、武九品补服来区分官员的文武品级。另外，在清代冠服制度中，历史上自周代以来就一直作为最高统治者权力象征的十二章纹饰，也被全盘拿来施于清代皇帝的礼服和吉服上，用以表示皇权的至尊无上。

　　清代冠服制度规定明黄色只有皇帝、皇后、皇贵妃及皇太后才能使用，同时规定这种颜色除以上四种人外，自亲王以下至臣民一律不得使用，这也是一种继承古制的做法。因为早在三千年前的《周礼》中就已经有了天子须"玄冠黄裳"的规定。其后，虽历经数千年多次的改朝换代，明黄色却依然为天子独享。清代冠服制度只不过在明黄色之外进一步区分出金黄色、杏黄色以及鹅黄色等颜色的使用规定而已。

　　清代冠服制度在继承和改良前朝服制方面的例子还有很多，如明代以靛染天鹅翎缀于红笠上，以一英、二英、三英分别贵贱。清代则改为将孔雀尾（花翎）垂于冠后，以一眼、双眼、三眼及无眼蓝翎划定尊卑。由此可见，服饰制度的更迭并不等同于一个政权的交替，它不是简单地表现着统治者的改朝换代，而是一个继承与变革相依存的过程。

　　在阶级社会里，服饰更像是一种身份地位的标志和符号，其社会的属性远大于其自然的属性。由于我国古代服饰在礼制方面所具有的特殊性质和作用，冠服制度已经成为社会上层建筑的重要部分。在朝代更迭过程中，所有的政权在易主时都不会从根本上触动上层建筑，因而也就决定了其冠服制度只能是一代一代地继承下去。即使有所谓变革也只是继承基础上的扬弃，而不可能是全盘的抛弃。鲜明的文化延续性是我国服饰文化历史的显著特征。

　　清代是中国历史上由少数民族满族建立的最后一个封建政权。发源于我国东北白山黑水一带以游牧为生的满族部落，虽然也有着本民族优秀的传统文化，并以其彪悍的八旗劲旅横扫中原，将没落的明朝统治取而代之，但不可否认的是，在悠久而灿烂、丰厚和深邃的中原汉族文化面前，满族既有文化还是相对落后的。而历史的发展规律证明，任何落后文化在先进文化面前，更多的是学习、继承甚至被同化。反言之，也正因为从努尔哈赤到清末的历代满族首领和皇帝，都十分崇尚并努力学习汉族先进的文化，才使满族从一个相对弱小的北方游牧部落逐渐发展强大，最终夺取了全国政权，并持续了长达两百六十多年的统治。

　　在故宫博物院收藏的清代宫廷书画中，著名的《雍正妃行乐图》（亦被称作十二美人图）描绘的是雍正的妃子身着汉服日常生活的情况。十二幅图分别为：博古幽思、持表对菊、观书沉吟、合璧连环、烘炉观雪、捻珠观猫、立持如意、裹装对镜、桐荫品茶、消夏赏蝶、倚门观竹和烛下缝衣。足见雍正皇帝对汉族服饰的喜爱。除此，故宫博物院中还保存有不少清代皇帝及后宫家眷着汉装的行乐图，乾隆皇帝就有多幅身着汉服的画像，尽管他曾以"不过是丹青游戏，非慕汉人衣冠"来掩饰。

　　刚刚取得全国政权的清代统治者，在面对包括服饰文化在内的悠久而丰厚的汉族文化时，自然而然地会对其产生一种发自内心的欣赏和仰慕。因此，他们虽在建立清王朝之初，大张旗鼓地推行"废明制，立满服"的服制改革，但对于汉族先进的传统文化及成熟的治国方略却并没有完全排斥，而是积极地学习和借鉴。特别是对那些有利于维护其皇权尊严和统治的明代典章制度，都倍加重视和继承。清代统治者一方面源于对本民族文化的认同、遵从和恪守，试图用鲜明的本民族服饰特色来作为王朝更迭的重要标志。但另一方面，身为少数民族的满族及其文化在置身于博大精深、源远流长的汉族文化之中时，又不可避免地要学习、吸收和继承大量汉族文化的成就和传统。清代宫廷服饰是继承与革新的产物，它从一个侧面反映出满汉文化的相互影响和交融，是中国服饰文化多元发展的一个典型例证。从故宫博物院所收藏的清代宫廷服饰上，也可以清晰地看出满汉文化融合的鲜明特点。

博古幽思

持表对菊

观书沉吟

合璧连环

烘炉观雪

捻珠观猫

立持如意

裘装对镜

桐荫品茶

消夏赏蝶

倚门观竹

烛下缝衣

（三）清代冠服制度的基本内容及演变

自顺治初年颁布剃发令开始直至清末，清代的冠服制度历经了多次厘定。在这期间，康熙九年（1670）制定《服色肩舆永例》；雍正十年（1732）校勘《大清会典》；乾隆五年（1740）敕撰《大清律例》；到乾隆十三年（1748）完成了《大清会典》。自此，上至皇帝、后妃，下至王公大臣、文武官员的服饰按礼服、行服、常服、雨服等分类，除用文字加以规定外还绘制成图。乾隆就此曾告谕："一代之典，则朝祭所御、礼法攸关，所系尤重。既已定为成宪，遵守百年有余，尤宜绘成图式，传示法守。"乾隆还强调："自朕之朝冠、朝服、常服、吉服以至王公大臣九品以上官员之朝帽、朝衣，自皇太后、皇后、皇贵妃、妃、嫔等之朝冠……考定章程，遵照式样，分析满汉蒙古各色绘图呈览，俟朕酌定。"清代服饰制度至此得以确立和完备。

到了乾隆二十六年（1761）和乾隆三十一年（1766）时又分别敕撰了《大清会典·会典则例》和校勘完成了《皇朝礼器图式》；再其后，嘉庆、道光朝又纂修完成了《会典及事例·图式》及《大清通例》；到清代末年，光绪朝又增补修纂了《大清会典图例》等。可以说，整个清代两百余年基本上没有停止对冠服制度的修订和完善，足见服饰制度对清代统治者来说是何等的重要。

清代冠服制度自清初开始厘定，其后历经数朝多次修订充实，到乾隆初年时已经基本完备。此时，宫廷内不论是皇帝、后妃、皇子、亲王及各宗室皇亲，还是文武品官、各等侍卫、蓝翎侍卫及侍臣等，每个等级的冠服款式（包括类别、样式、颜色、纹饰等）都有明确细致的规定，并在《大清会典》等律典中以图文双解的方式予以厘定。清代冠服制度的基本内容分为礼服、吉服、常服、行服、甲胄、官员补服等几个大部分，是中国历史上最完整、最全面、最详细的服饰制度，也是清代森严的封建专制制度的重要内容。

清代冠服制度十分详细和具体，除对宫廷服饰的穿用者有严格规定外，对各类服饰的穿用时间、穿着场合及一些穿戴细节也都做出了详细的规定。如每岁春、秋两季换用夹朝衣；三月十五日或二十五日御夏朝服；九月十五日或二十五日御冬朝服；三大节（元旦、冬至、万寿）时，皇帝及朝贺的王公百官俱着朝袍；马蹄袖在行礼时必须放下，并且要先放左袖再放右袖；凡四开裾（即下摆前后左右均开衩）的袍服只有宗室可穿，而

《钦定大清会典图》书影

其他官吏袍服只准二开裾；补服中，圆补用于亲王、郡王、贝勒、贝子以上，其下均为方补；太监不许戴红顶（也称为红顶子，清代官帽的特有款式。自清以来，红顶借指高官），亦不得戴花翎，只能戴蓝翎（翎枝分蓝翎和花翎两种。蓝翎为鹖羽所做，花翎为孔雀羽所做。花翎在清朝是一种辨等威、昭品秩的标志，非一般官员所能戴用，其作用是昭明等级、赏赐军功）等。

服饰上的纹饰是时代特征的印记。它一方面是当时人们审美情趣、价值取向的表现，另一方面则映衬出这个时期的人们所具备的文化认知水平，所推崇的思想道德准则，以及所遵循的日常生活习俗。除此之外，作为宫廷服饰上的纹饰，还兼具昭示尊卑贵贱的封建等级制度的功能。因此，在宫廷服饰中，纹饰往往是冠服制度的重要内容。

清代宫廷服饰不论帝后礼服、吉服还是各级官员补服等，其纹样都会以图文并举的形式，明确载入冠服制度内。如《钦定大清会典图》中对于皇帝朝袍，除绘制有标准图样以外，更以详细的文字规定如下："皇帝冬朝袍二式，色用明黄，惟朝日用红，披领及袖俱石青，片金加海龙缘，绣文，两肩前后正龙各一，腰帷行龙五，衽正龙一，襞积前后团龙各九，裳，正龙二，行龙四，披领行龙二，袖端正龙各一，前后列十二章，日、月、星辰、山、龙、华虫、黼、黻在衣，宗彝、藻、火、粉米在裳，间以五色云，下幅

乾隆香色纳纱绣八团喜相逢纹吉服袍

道光红色缂丝八团花蝶纹吉服袍

《大清会典图》中的皇帝夏朝袍

八宝平水。""皇帝夏朝袍,色用明黄,惟常雩用蓝,夕月用月白,披领及袖俱石青,片金缘,缎、纱、单、袷惟其时,余制如冬朝服二。"由此可以看出,《钦定大清会典图》不仅明确了服饰是谁在什么场合穿,更将采用什么纹饰,包括纹饰的内容、数量、颜色和在衣服上的布局等都规定得清清楚楚。

在清代宫廷服饰里只有便服的颜色和纹饰不受服饰制度所限,因而清宫便服的颜色丰富多彩,形式多种多样,设计精巧多变,纹饰题材十分广泛。

虽然在清代冠服制度中对于宫廷服饰所用颜色、式样、纹饰、冠顶层数、饰物数目、位置及所用材料,以及服饰的尊卑等级和穿戴场合等均做出严明的规定,但到了清代晚期,随着封建王朝的没落,其中有些规定、禁令亦日趋流于形式,宫廷内着装呈现出"为我所用"之势。例如,原本按冠服制度规定,只能用于皇帝礼服和吉服上的十二章纹饰,到了清代晚期也时常出现在皇太后、皇后的礼服和吉服上。身为太监的李莲英也被赐戴了孔雀花翎等。

通过故宫博物院收藏的清代宫廷服饰藏品实物,还可以明显看出清代各时期宫廷服饰所呈现出的不同特点。这一点也说明了清代冠服制度不是一成不变,而是明显带有早、中、晚各时期演化特征的。例如,清初时由于冠服制度尚未建立,故而这一时期的宫廷服饰在形制、纹饰、工艺等方面，都更多具有明代末年用色庄重、风格古朴的特征。康熙朝以后，特别是乾隆时期，一方面正值所谓"康乾盛世"，社会经济发展、国力强盛，另一方面包括冠服制度在内的各项统治制度也逐渐完备，从故宫博物院收藏的这一时期的宫廷服饰来看，其色彩活泼、款式规整、图案协调，并且与当时的冠服制度高度吻合。除此之外，这一时期宫廷服饰的织造、刺绣等工艺也愈发细腻精湛，在整体上能够代表清代服饰工艺的最高水平。因此，清代中期的宫廷服饰不仅是清宫服饰的主体，更是清代冠服制度最完整、最标准的诠释。到了清朝末年，特别是在同治、光绪时期以后，随着

弘历雪景行乐图

国势的逐渐衰落，此时期的宫廷服饰不仅在纹饰、构图、色彩搭配以及织造刺绣工艺等方面均出现了明显的衰退迹象，原本作为大清律典的冠服制度也受到来自各方面的冲击，而不再严格执行了。仅就马蹄袖而言，原本制度规定的尺寸仅为十几厘米，但从进入清晚期袖口开始逐渐加宽，其中一度有的马蹄袖宽竟可达30厘米以上，已经既无马蹄袖之形也无马蹄袖之功能了。另外，清中期以前所有袍服不分男女都是腰身宽松。到了清末，因受域外文化的影响，崇瘦的趋势显现，一些女款袍服已经是可身裁剪。而这种凸显身材曲线的服饰在清代冠服制度中是不被允许的。反映在宫廷服饰上明显的时代演进特征，恰恰是由于清代冠服制度本身就存在一个从清初的"无"，到清中期的"立"，再到清末的"废"的渐进式演化过程。

四、清代宫廷服饰的典型特征

我国历史悠久，遗存丰富。除古人给我们留下了丰富的史书典籍外，还有大量的传世文物和考古发现与历史文献相互补充、相互印证，从而为历史学多个领域的研究提供了较好的条件和依据。

在封建社会中，礼乐是最重要的封建礼制和教化手段。冠服制度作为礼乐中的一个重要组成部分，在历史长卷的每一个阶段都留下了或多或少的记述。在二十五史中，冠服就被列入最重要的礼志之中。但与此同时，由于服饰属于生活日用品，而且又多是以棉、麻、毛、丝等不易长期保存的材料制成，隔代相承已属不易，故在中国历史上，不论是在民间还是在宫廷，绝大部分服饰都不会像字画、珠宝、古玩那样得到拥有者特别的珍惜并传承下来。即便有些服饰被当作寿衣或随葬品随逝者一同进入了坟墓，但等到千百年后墓穴被发掘时，原本十分华美的服饰也几乎都变成了霉变腐烂、面目全非的样子。因而，很少有服饰或纺织品能像陶瓷、金石等其他材质的随葬品或传世品那样较完好地保存下来。到目前为止，只有极个别由于墓葬内部特殊的环境而较好保存下来的少量出土纺织品，收藏于有限的博物馆和考古科研单位中。

对于研究中国历史上的服饰制度、服饰文化和服饰发展状况的学者来说，尽管有不少典籍文献包括古代壁画、绘画等可参阅，但比起历史学其他领域、门类的研究来说，的确存在着历史遗存过少的问题。另外，中国封建社会是一个重礼仪、轻技术的社会，因此，尽管有一些涉及服饰的历史典籍，往往也是侧重于礼仪的记述，而对于与服饰有关的织绣品种及技艺等的描写则相对较少。

在悠久的中国服饰文化的长河中，清代宫廷服饰却是一枝独秀的。其详尽的图文典籍和丰富的实物遗存比肩并存、相互印证，从而为我们了解、研究等级制度完备、满汉交融、特色鲜明的清代宫廷服饰文化提供了前所未有的条件。

（一）翔实而丰富的图文记载

相对于清代以前的与冠服制度有关的历史典籍来说，清代这方面的史料则更丰富、更翔实。在清代冠服制度中，上自皇帝后妃、皇亲国戚，下至文武百官、乡绅小吏，其衣冠服饰的款式、等级、色泽、纹饰、质地乃至着装场合，都有严格详细的规定，甚至连一年四季所穿皮、棉、夹、纱服饰的换装时间也都有明确要求。至于各种节庆、典礼之日所要穿戴的衣冠服饰，更是要完全按照典章制度行事。丰富的图文资料是清代宫廷服饰学习研究的基础。

清代为我们留下的历史文献典籍和档案资料主要有《清史稿》《大清会典》《大清会典释例》等。在这些文献中，关于清代冠服制度都有详尽的记载。除这些文献典籍之外，在清代内务府档案中，也给我们留下了大量珍贵的清代宫廷服饰的相关资料。其中最重要的是"江南三织造"的档案资料。据清宫内务府"江南三织造"档案记载：康熙时期，仅苏州织造局匠役已达到两千多名，织机有数百张。从相关的档案还可以看出，清代宫廷服饰所用材料中的绝大部分均来源于江宁、苏州、杭州三个织造局。另外，从这些档案中不仅让我们知道了清代宫廷服饰材料的不同产地，还了解到与宫廷服饰有关的织物品种、数量、款式、纹饰、用途、价格，以及工匠、俸禄、资金来源、织造工艺等，同时还包括各织造局的发展规模以及兴衰等各方面的重要信息。除"江南三织造"外，清代内务府造办处还设有专门承制宫廷服饰的作坊，如置衣作、绣作、皮作、染作等。与之有关的清宫档案，包括内务府"奏销档""来文档""穿戴档""戏剧档"等，也都是研究清代宫廷服饰非常重要的文献材料。

研究清代宫廷服饰不仅有上述丰富的文字典籍，而且还有十分详细完整的图样资料，

皇后无水八团龙袍图样

清代宫廷服饰图样资料主要有：

《钦定大清会典图》：其中的冠服部分，上至皇帝后妃，下至文武百官、小吏兵勇所穿戴之冠服，包括礼服、朝服、衮服、吉服、常服和雨服的形制、纹饰等都有详图描绘，并辅以文字说明，图文并举，互相照应。

《皇朝礼器图》：这是一部清宫彩色图书，书中冠服部分用鲜明的色彩，将每件宫廷服饰都准确无误地描绘出来。

服饰小样：清宫里每一件帝后服饰都是按样加工制作的，服饰小样就是服饰织造的样本。从冠服的款式、尺寸、颜色的选用以及纹饰细节等，都在服饰小样中准确无误地绘制出来。服饰小样要经皇帝或皇太后、太后审阅后才能发往"江南三织造"严格按样织造，因此服饰小样和所对应的服饰成品是完全一致的。这些服饰小样（现藏于故宫博物院图书馆）是我们研究清代宫廷服饰的一笔极珍贵的历史资料。

除此之外，许多清代宫廷绘画中有关清代历朝帝后的肖像画、生活画等绘画作品，以及晚清时宫廷里的老照片等也为我们研究清代宫廷服饰提供了重要的图样信息。

（二）保存完好的实物遗存

与明代及以前各代所不同的是，清代是中国封建社会最后一个王朝。就在逊清皇室于1924年11月5日被逐出紫禁城两天后的11月7日午夜，临时执政府正式发布命令："修正清室优待条件（该修正清室优待条件中第三条规定：清室即日移出宫禁。第五条规定：清室私产归清室完全享有，民国政府当为特别保护，其一切公产应归民国政府所有。）业经公布施行，着国务院组织善后委员会，会同清室近支人员，协同清理公产、私产，昭示大公。所有接收各公产，暂责成该委员会妥善保管，俟全部结束，即将宫禁一律开放，备充国立图书、博物馆等项之用，籍彰文化而垂久远。"11月14日，公布国务院所拟《办理清室善后委员会组织条例》，聘请李煜瀛为委员长。"清室善后委员会"随后即着手对故宫各殿所存留物品进行清点并逐一登记造册收归国有。在清查清室财产的基础上，1925年10月10日成立了故宫博物院。从此，大量清宫遗物成为故宫博物院最初的文物藏品。不论是价值连城的清宫旧藏还是数以万计的清代帝后宫廷生活用品，均在故宫博物院里得到了妥善和良好的保护。这其中就包括品类齐全、品相良好、数量众多的清代宫廷服饰。

北京故宫博物院收藏的清代宫廷服饰，时间跨越整个清代历史；类别涵盖全部冠服门类；等级上自皇帝、后妃，下至格格、阿哥；品种包括冠帽、衣裳、鞋袜及配饰；包罗了绫、罗、绸、缎、纱等各色丝绸面料；涉及织金、妆花、缂丝、刺绣以及花丝、镶嵌、点翠等各种工艺技术。清代宫廷服饰上装饰所用的黄金、白银、钻石、珍珠、翡翠、珊瑚、猫眼以及红、蓝宝石等各类珍宝更是五彩缤纷，不胜枚举。

（三）完备森严的等级制度

清代宫廷服饰制度尊卑清晰、等级森严，大体可划分为三个级别：帝后级、王公级和品官级。帝后级是由皇帝为中心的皇家独享，其中包括皇帝、皇太后、皇后、众妃嫔以及皇太子、皇子等。王公级包括各亲王、郡王、贝勒、贝子、镇国公、辅国公、镇国将军、奉国将军、奉恩将军等皇亲贵族以及公、侯、伯、子、男等民姓封爵者。品官级的主体是一至九品的各级文武官员。在上述三个等级中还可细分若干等级，每一级别中的人员所穿的服饰，都会依据实际的身份、职务、品阶和性别的不同，在服饰的材料、颜色、款式、纹样及装饰等各个方面有所区别，不得僭越。

仅以端罩（冬季专用礼服）为例，就可以看出清代宫廷服饰是如何按材料划分等级的。简单说，端罩的外表使用的毛皮品种越珍贵，等级就越高。例如按清代服饰典制规定，皇帝的端罩除用黑狐皮外还用紫貂皮；皇太子只用黑狐皮、皇子只用紫貂皮；亲王、郡王、贝勒、贝子、固伦额驸用青狐皮；镇国公、辅国公、和硕额驸虽也用紫貂皮，但均为月白里；民公以下，文三品或武二品以上及辅国将军、县主额驸等用貂皮；一等侍卫用猞猁狲皮间以豹皮；二等侍卫用红豹皮；三等侍卫及蓝翎侍卫则只能用黄狐皮。

从颜色上区分宫廷服饰的等级更加明显，如清代宫廷服饰中等级最高的颜色是明黄色，只有皇帝、皇太后、皇后和皇贵妃才可享用这种颜色。即使贵为皇太子，其朝服也只能用杏黄色，而仅在其朝带及朝珠等佩饰上可以使用明黄色。等级再往下，皇子朝服为金黄色；亲王、郡王的朝服为蓝及石青色（皇帝赏赐金黄色者得以穿用）；贝勒、贝子、固伦额驸、镇国公、辅国公、和硕额驸的朝服不许用金黄色及其以上等级的颜色，其余颜色均可；公、侯、伯下至文武四品官、奉恩将军、郡、县主额驸等人的朝服，可用蓝或石青色；文武五品至九品，则只能用石青色一种颜色。在后妃服饰中，颜色等级也十分严格。皇太后、皇后和皇贵妃的朝袍、龙袍颜色用明黄色；贵妃、妃用金黄色；嫔、皇子福晋、亲王福晋以下至县主用香色；贝勒夫人、贝子夫人以下至七品命妇则只能选用上述颜色以外的蓝及石青等其他诸色。

在款式上，同为袍服但从开裾的不同就可以区别出等级的高低。如冠服制度中规定男吉服袍，凡宗室及其以上皆为前后左右四开裾，而宗室以下则为前后两开裾。补服系列中的补子不仅在纹饰内容上从高到低明确分级，在其形式上也方、圆分明。如亲王、郡王、贝勒、贝子都是圆形补子，而从镇国公以下至九品官员的补子都改用方形。

在纹样上，龙纹和十二章纹代表了皇权的至高无上，是皇帝专用的纹饰。除在清晚期有所突破外，皇帝之外的人都不得使用十二章纹。皇子及各级臣属，其袍服上即便有龙纹也不能称作"龙袍"，而叫"蟒袍"，并有五爪蟒和四爪蟒之分。从纹饰细节上区分，正龙高于行龙，龙高于蟒，五爪蟒高于四爪蟒，蟒高于品官所用飞禽和走兽，飞禽和走兽又分别以其珍稀和凶猛程度从高到低依次排出文武九品的次序。

饰物上，如男冬朝冠的冠顶饰物，其等级按照质地从高到低依次是：东珠、红宝石、珊瑚、蓝宝石、青金石、水晶、砗磲、素金、镂花金。其中即便同样都饰东珠，也会以东珠数量的不同来区分等级。例如从皇帝朝冠所饰十六颗东珠，到皇子、亲王的十颗东珠，郡王的八颗东珠，再到贝勒的七颗东珠，并一直递减至文武一品官的一颗东珠。

清代统治者正是通过对这些服饰中材料、颜色、款式、纹样及装饰的区别来组成上下有别、尊卑有序、贵贱有等的清代冠服制度。

（四）传承与鲜明特色

我国历史上的冠服制度，早在战国时期编制的《周礼》中就已有比较完备的记载。作为一项维护统治秩序的制度，冠服制始终是在代代相传的继承、改革与完善中发展的。作为中国历史上最后一个由少数民族建立的封建王朝，清代的冠服制度，经历了一个从入关前就开始，并一直延续到清中期的，不断调整补充和完善的漫长过程。直到乾隆十三年（1748），上至皇帝、后妃，下至王公大臣、文武官员的冠服才最终按礼服、行服、常服、雨服等形式完成定制，并绘制成图载入《大清会典》，从而形成完整的清代冠服制度体系。

清代的冠服制度不仅是中国历代冠服制度的发展和延续，其内容也是由中国宫廷服饰文化的精髓始终支撑着。但在"一代冠服自有一代之制"思想的影响下，清代宫廷服饰还是明显地表现出多民族文化交融的印痕。它一方面较完整地继承和吸收了历代中原汉族冠服的精华，另一方面又保留了鲜明的北方满族服饰特色。

在封建社会的历史进程中，新的统治者无不在改朝换代的初期，厘定具有本朝代特点的新的服饰制度，并以此作为王朝更替的标志之一。清朝也不例外，在推翻明朝统治后，先是废除了汉族所代代相传的宽衣博袖的衣裳形式，取而代之的是具有游牧骑猎特色的紧身窄袖的满族服装。清朝历代皇帝均竭力保持本民族的服饰传统，乾隆皇帝曾于乾隆十七年（1752）三月召集文武大臣，重申祖宗遗训："朕恭阅太宗文皇帝实录……朕思金太祖、太宗法度详明，可垂久远，至熙宗合喇及完颜亮之世尽废之，耽于酒色，盘乐无度，效汉人之陋习，世宗即位，奋图法祖，勤求治理，惟恐子孙仍效汉俗，豫为禁约，屡以无忘祖宗为训，衣服语言，悉遵旧制。"清代帝王认为便于骑射的满族特色服装不仅是祖上的习俗遗风，更是扫荡中原、夺取天下的依靠，故视之为攸关国家存亡之大事。清代统治者的这种思想，决定了清代的冠服制度虽几经修订，却始终保持着鲜明的满族服饰特点。

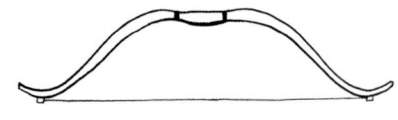

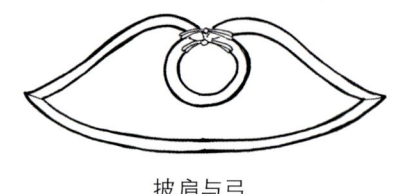

披肩与弓

清代宫廷服饰的最大特点，是保留了由于游牧、骑射所需而形成的紧身窄袖的服装样式。其中无领袍、领衣、缺襟袍、披肩、马蹄袖、旗鞋以及两把头等是清代宫廷服饰中最鲜明的满族特色。

无领袍、领衣——清代的袍服在早期绝大部分都是没有领子的无领袍。在穿着这种袍服时，要在袍服里面加穿一个单独的衣领——领衣。这便是清代宫廷服饰中所谓的"衣不连领，衣、领异处"的特点。领衣只有领子的部分露在外面，为固定领子，领衣前后有两片长长的很像牛舌样子的领衬要掩在袍服里面。所以，领衣实际是一种穿戴在袍服里面的"假领子"。

缺襟袍——缺襟袍是清代行服的别称，这种袍

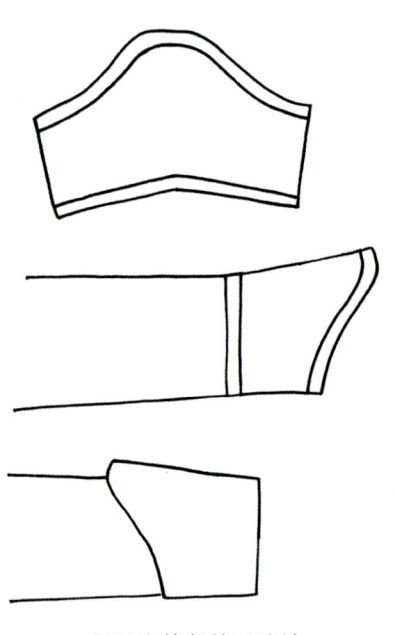

展开和挽起的马蹄袖

子其前襟右下比左边短约一尺，这种设计为的是使骑乘时上下马更加方便。

披肩——披肩也称披领，是帝后及官员们朝服中的重要饰件，为清代宫廷服饰所独具。它中间宽，两端尖，中心挖领口，其平面形状像一张开满的弯弓，据推测披肩的这种样式可能与满族祖先为游牧民族、崇尚骑射有关。披肩使用时要先穿好朝袍，再将披肩固定于朝袍的领口处（也有些披肩是与朝袍连为一体的）。穿好后的披肩横于项下，宽出两肩，使本已非常庄重的朝袍又平添了几分威武之感。

清代服饰制度对于佩戴披肩是有严格规定的，非宫廷举办的重大典礼，即便着礼服时也不得加饰披肩。披肩均为石青色地，用料一般随朝袍料而定，绸、缎、纱等都有，其绣纹、色彩、工艺（刺绣、缂丝、妆花）等亦随袍身。在披肩上均加有片金缘。

箭袖——箭袖是在清代帝后、皇亲国戚及文武官员的朝袍、龙袍、行服袍及常服等袍子的袖口处，另外接上的一个半圆形饰物。因其放下时形状类似马蹄而又被称为"马蹄袖"（满语称"哇哈"）。箭袖的形成源于满族长期处在北方寒冷地区的游牧狩猎生活。箭袖上部长、下部短，还可翻折。严冬时节将箭袖放下，上长可覆盖手背，保护手部不致冻伤，下短则不妨碍手的活动，依旧可弯弓搭箭，策马驰骋。由于满族先民不论男女，均用箭袖，进关之后，清代帝王为遵循满洲遗风，将箭袖在朝袍、龙袍、行服袍及常服袍中予以保留，并明确写入《大清会典》。

在室内或在气候相对温暖的季节，箭袖通常可挽起，但行礼时则需放下，称放"哇哈"，其顺序为先放左后放右。另外，在清晚期还出现一种可拆卸的活动箭袖，用时将其用纽扣连于袖端，礼毕时摘下，俗称"龙吞口"。

旗鞋——所谓旗鞋是指满族女子所穿的一种鞋底独特的鞋子。满族没有女子缠足的陋习，她们有"削木为履"的遗风。因此，旗鞋的鞋底均装有木制的"高跟"，如按鞋底样式的不同来区别的话，旗鞋有"花盆底""马蹄底"及"元宝底"之分。

两把头——两把头是满族妇女特有的一种发髻。《清宫词》曰："凤髻盘出两道齐，珠光钗影护蟪蛄。城中何止高于尺，叉子平分燕尾底。"据《旧京琐记》载："旗下妇装，梳发为平髻曰一字头，又曰两把头。"

满族虽有盘发习俗，但把发髻梳成两把头并不是满族先民独有。据《阅世编》载："顺治初，见满族妇女鬋发于额前，中分向后，缠头如汉装包头之制。"两把头髻式大约形成于清中期，并在晚清时最为盛行。清中期时的两把头髻式，发髻较平矮，只是在头顶左右横梳两个平髻，双鬓展约一尺许，似两角横于头上。由于此髻看上去很像"一"字，故也叫"一字头"。这种双鬓还似一柄如意横卧头顶，因而又称作"如意头"。

约在晚清慈禧时期两把头髻式发生变化，主要是向高向大发展，形成称之为"大拉翅"或"架子头"的发髻。清宫后妃所梳"大拉翅"是一种套头式发髻。外形为高一尺余的扇形（燕尾）硬壳，上边带有铁丝做成的骨架和头箍，裱布糊为胎，外包青绒并加以装饰。需用时，将其戴在头上，不用时，则将其摘下。可以看出这时的"大拉翅"实际已经是发髻与冠帽的结合体了。在两把头中，"一字头""如意头"都属于"小两把头"，而后出现的所谓"架子头"或"大拉翅"则属于"大两把头"。

关于两把头的梳法，据说是先将长发向后梳平，分成两股后，自颈下反折而上。反折时粘以胶类黏液，使反折部分扁平、微上翘，反折至前时用带与发根结扎固定，发根成短柱状。再绕以丝带缠裹发根。其上端横插一扁方，余发则绕于扁方上。

在保持本民族特色方面，还体现于清代宫廷服饰里大量使用毛皮。满族先祖女真世居北方严寒地带，非穿毛皮而无法御寒。女真族向有"厚毛为衣，非入室不撤"的习俗。再加上他们以"衣其皮，食其肉"的骑射狩猎为生，各种兽皮资源丰富。由于这个缘故，满族先祖不分贵贱，皆以兽皮为衣。在清代宫廷内除端罩仍旧直接选用来自东北高寒地区的黑狐皮、紫貂皮、熏貂皮、海龙皮、青狐皮等缝制外，其他一些冬季所穿的袍服，都是用绸缎做面

孝贞显皇后便服像

慈禧太后便服照（着色）

料，挂上毛皮里。至少也会在披肩、袖口、衣缘等处镶上毛皮边作为装饰。

然而，源远流长的汉族服饰文化是蕴含着十分强韧的生命力的。尽管在清初强制推行了以严厉的剃发易服为标志的服制改革，但在与汉文化长期的碰撞与交融中，还是不可避免地受到汉族服饰文化的影响。因此，清代宫廷服饰在一方面保留了较鲜明的满族特色的同时，另一方面又积极地吸纳并接受了以汉族为主的中国传统文化，包括成熟完备的礼制思想、富有寓意的祥瑞纹饰以及丰富鲜明的专用色彩等。例如，清代冠服制中全面继承了传统礼服中的衮服之制；接受了汉族所一直尊崇的"五行"思想，依然将自古以来由帝王独自尊享的明黄色作为本朝皇帝、皇后、皇贵妃以及皇太后礼服的颜色；另外，清代皇帝后妃服装上装饰的龙、凤、十二章纹以及文武品官补服上的补子图案等，也都显示出了对汉族传统文化的学习和传承。

第二章

清代宫廷服饰的分类

清代宫廷服饰

　　根据清代冠服制度记载和故宫博物院清代宫廷服饰的收藏情况，本书将清代宫廷服饰分为礼服、吉服、常服、行服、雨服、戎服、官员服饰、宗教服饰、便服、冠帽、配饰以及靴鞋袜等几个大类。其中礼服类中有朝袍、端罩、衮服、朝褂、朝裙等；吉服类中有龙袍、龙褂；常服类中有常服袍、常服褂；行服类中有行袍、行裳；戎服则分为皇帝甲、八旗甲；官员服饰类包括皇子、亲王圆补服以及镇国公以下至文、武九品方补服；便服类虽然不在冠服制度的约束之中，但清宫便服不仅存量大，内容也相当丰富，分别有便袍、便褂、衬衣、氅衣、坎肩、马褂、斗篷、裤子等；清代宫廷服饰中的冠饰分为朝冠、吉服冠、常服冠、行服冠、如意帽以及后妃所戴钿子等；鞋袜类里包括朝靴、马蹄底鞋、花盆底鞋、元宝底鞋及各种高、矮腰袜子；佩饰项内品类繁多，形式多样，包括有头花、头簪、耳坠、金约、领约、衬领、领衣、朝珠、手串、手镯、彩帨、忠孝带、戒指、扳指以及各式活计（清代宫廷内将佩戴在身上的各种小件刺绣品统称为"活计"）等。本章将按照以上分类加以介绍。

一、礼服

乾隆朝服像

礼服是清代宫廷举行重大典礼及祭祀活动时所穿的服装。礼服都是成套穿戴的，因此，广义上的礼服除了朝袍、朝褂等衣服外，还包括朝冠、朝靴、朝珠、朝带、戒牌以及冠服制度内规定的各种佩饰等。在所有宫廷服饰中，礼服不仅等级最高，而且形制多样，功用繁复，制度严明。

礼服在我国有着悠久的历史。自周代以来的历朝冠服制度，都是以礼服为核心的。清代宫廷服饰既继承了悠久的历史传统，又独具满族特色，汉族优秀的传统文化和满族独特的民族风情，在森严的宫廷礼服制度中达到了和谐统一。

清代皇帝的礼服计有朝冠、朝袍、端罩、衮服、朝靴以及朝珠、朝带、戒牌等。如果再以冬、夏各式来区分则不下几十款。皇帝朝袍根据用途的不同分别有明黄色、红色、蓝色和月白色四种颜色。

清代皇后礼服计有朝冠、朝袍、朝褂、朝裙、朝靴以及朝珠、金约、领约、耳饰和彩帨等。皇后礼服依旧分为冬夏二式。

清代宫廷内每逢元旦、万寿、千秋、冬至、登基、金殿传胪、派将出征、颁诏和受贺之时，以及祭太庙、祭天、祭地、夕月等重大典礼及祭祀活动时，皇帝都要按典制着礼服出席。皇后除陪同皇帝一起出席上述元旦、万寿、冬至等重大礼仪庆典外，还会单独主持在先蚕坛举行的祭先蚕等活动。

清代宫廷的典礼以皇帝登基、元旦、万寿节及冬至节（后三者也称"三大节"）最为隆重。上述典礼都要在太和殿举行，其场面庄重而浩大，凡参加典礼者，上自皇帝、皇子，下至王公百官均着礼服到场（后妃们亦在后宫着礼服庆贺）。

清代的宫廷礼服除包括上述皇帝后妃的服饰外，还包括皇子及王公的朝服以及文武百官的补服。但出于分类需要及方便读者阅读，本书将官员补服归入官员服饰一节，将朝冠、朝带、朝珠、朝靴等分别归入冠帽、佩饰及靴鞋袜等相关章节。

（一）皇帝礼服

1. 朝袍

清初时，因服饰制度尚不完备，皇帝礼服中朝袍的形式、纹饰、颜色也都未成定制。到清中期乾隆朝时，服饰制度逐渐确立，皇帝朝袍的样式、色彩、纹饰才被固定下来。清代宫廷礼服继承古制并有所创新，朝袍仍采取上衣下裳的连属形式，由衣、裳、腰帷、襞积、衽、披肩、素接袖及马蹄袖等组成。根据《钦定大清会典图》的规定，皇帝朝袍有三种形式，其中冬朝袍两种形式，夏朝袍一种形式。

皇帝冬朝袍一式：色用明黄，惟圜丘祈谷用蓝。披领及裳俱表以紫貂，袖端熏貂。绣文，两肩前后正龙各一，襞积行龙六。衣前后列十二章，间以五色云。

皇帝冬朝袍二式：色用明黄，惟朝日用红，披领及袖俱石青，片金加海龙缘。绣文，两肩前后正龙各一，腰帷行龙五。衽正龙一，襞积前后团龙各九，裳正龙二，行龙四。披领行龙二，袖端正龙各一。前后列十二章，日、月、星辰、山、龙、华虫、黼、黻在衣，宗彝、藻、火、粉米在裳，间以五色云，下幅八宝平水。

皇帝夏朝袍：色用明黄，惟常雩用蓝，夕月用月白。披领及袖俱石青，片金缘。缎、

皇帝冬朝袍图样（前）

皇帝冬朝袍图样（后）

纱、单、袷惟其时。余制如冬朝袍二。

古人认为黄色为五方正色，故以黄为贵。清代将黄色又分为明黄、杏黄、金黄、鹅黄数种，以明黄为至尊。皇帝登基、"三大节"等庆典，皇帝均着明黄色朝袍。古称天为玄天，玄为蓝色，故皇帝祭天、祈谷、常雩时要穿蓝色朝袍，以求昊天风调雨顺，五谷丰登。古人认为太阳是红色的，于是每年于春分时节在日坛举行祭日礼时，皇帝便着红色朝袍。月亮的颜色被称为月白，故每年于秋分时节在月坛举行的祭月礼上，皇帝穿的是月白色朝袍。在不同的祭祀场合皇帝要穿着不同颜色的朝袍，正是君权神授、天人合一思想的具体体现。

皇帝朝袍所使用的面料有绸、缎、纱等各类丝绸品种，以缂丝、刺绣、妆花等多种工艺来装点纹饰，并且皮、棉、袷、单应季服饰齐备，以便按季换服。

根据《钦定大清会典图》，皇子、亲王、郡王的朝袍也分为三式。

皇子冬朝袍一式：色用金黄，披领及裳俱表以紫貂，袖端熏貂。绣文，两肩前后正龙各一，襞积行龙六。间以五色云。

亲王、郡王朝袍制同，惟色用蓝及石青，曾赐用金黄者亦得用之。

皇子冬朝袍二式：色用金黄，披领及袖俱石青，片金加海龙缘。绣文，两肩前后正龙各一，腰帷行龙四，中有襞积，裳行龙八，披领行龙二，袖端正龙各一，下幅八宝平水。

亲王、郡王冬朝服制同，惟色用蓝及石青，曾赐用金黄色者亦得用之。

皇子夏朝袍除不加海龙缘外，余制如冬朝袍二式。

2. 端罩

皇帝端罩：端罩是冬季专用礼服，圆领，对襟，平袖，制宽大，长及膝，皮毛朝外。冬季举行大典时，将端罩穿于朝袍外面以御寒冷。《钦定大清会典图》规定："皇帝端罩，有黑狐，有紫貂，皆明黄缎里。左右垂带各二，下广而锐，色与里同。"

皇子端罩：皇子端罩用紫貂皮、金黄缎为里。亲王、郡王、贝勒、贝子、固伦额驸用青狐皮，月白缎为里。亲王曾赐用金黄色者，可用金黄缎里。镇国公、辅国公、和硕额驸用紫貂，月白缎里。

3. 衮服

清代皇帝衮服是在汉族传统衮服的基础上，加以改变而成的。衮服是皇帝专用的服饰，皇帝以下皆不能叫衮服（与衮服同系列的服饰中皇子所穿叫龙褂，亲王以下所穿为补服)。衮服的形式是圆领、对襟、身长至膝、平袖长及肘腕间。《钦定大清会典图》规定："皇帝衮服,色用石青,绣五爪正面金龙四团,两肩前后各一。其章左日右月,前后万寿篆文,间以五色云。棉、袷、纱、裘惟其时。"皇帝衮服虽为礼服之一,但实际在清代宫廷中,衮服常常与吉服中的龙袍一同服用,穿于龙袍之外。

皇子龙褂与皇帝衮服形、色、纹基本相同,只是无章文。亲王以下所穿均称为补服,其中亲王补服,石青色,四团龙,前后正龙,两肩行龙。郡王补服,石青色,四团行龙,两肩前后各一。贝勒补服,四爪正蟒两团,前后各一。贝子补服,行蟒二团,前后各一。(清代自镇国公以下官员开始,补服中补子的形式由圆补皆改为方补,具体详见官服一节。)

康熙 明黄色缎绣云龙纹镶海龙缘貂皮朝袍

身长:150厘米　两袖通长:204厘米　袖口宽:17厘米
下摆宽:185厘米　左开裾长:54厘米　文物号:故44824

此朝袍为上衣下裳连属式,圆领,右衽,大襟,缀铜鎏金錾花扣四枚,马蹄袖,披领与袍相连,裾左开至腰帷。领口处系黄纸签墨书"圣祖"二字。此朝袍在明黄色缎地上,彩绣加平金云龙及海水江崖纹样,并以石青地祥云花卉织金缎在领边、袖口及衣边包镶,袍内挂紫貂皮里,在领、袖边加镶海龙缘。此朝袍做工精良,为清早期皇帝朝袍中的精品。

雍正 月白色云龙纹妆花纱夹朝袍

身长：146.50厘米　两袖通长：196厘米

袖口宽：18厘米　下摆宽：148厘米　文物号：故41895

  月白色的皇帝朝袍，仅限于秋分时节在月坛举行的祭月典礼上穿。此袍为上衣下裳连属，圆领，右衽，大襟缀铜鎏金錾花扣五枚，马蹄袖，附披肩，裾左开。衬里为湖色团龙杂宝实地纱，披肩里为红色团龙杂宝织金绸。在领、袖边加饰石青四合如意花卉织金缎及三色平金边。领口处系有墨书"世宗"的黄纸签。袍身为在月白色纱地上，以通经回纬的妆花技法，彩织出云、龙及海水江崖等纹样。提花精准，色彩丰富，是雍正时期江宁织造云锦工艺最高水平的代表。

乾隆 蓝色缎绣彩云金龙夹朝袍

身长：145 厘米　两袖通长：195 厘米　袖口宽：16 厘米
下摆宽：167 厘米　文物号：故 41949

　　蓝色朝袍是专门用于皇帝在天坛举行的祭天、祈谷、雩祀等重大祭祀场合时穿的。此朝袍为上衣下裳连属式，圆领，右衽，大襟缀铜鎏金錾花扣六枚，马蹄袖，附披肩。披肩及后背垂饰明黄绦珊瑚米珠背云各一。袍缘镶饰蓝色团龙杂宝织金缎和三色平金银边各一条。衬里为月白色缠枝菊暗花绫。在蓝色缎地袍身上，运用了平针、套针、平金、钉线、缠针、戗针、打籽等刺绣针法，绣出彩云金龙、海水江崖及十二章等纹样。构图庄重，色彩饱满，绣工细腻，代表了苏州刺绣在清乾隆时期的高超水平。

嘉庆 大红色缎绣彩云金龙夹朝袍

　　身长：144 厘米　　两袖通长：200 厘米　　袖口宽：20 厘米
　　下摆宽：156 厘米　　左开裾长：34 厘米　　文物号：故 44994

　　红色的朝袍是专门用于皇帝在日坛祭日时穿用的。此朝袍上衣下裳相连属，圆领，右衽，大襟处缀铜鎏金錾花扣五枚，马蹄袖，附披肩，下摆裾左开。袍身运用了多种刺绣技法绣出纹饰，两肩前后正龙各一，列十二章。下摆前后正龙二，行龙五，腰帷行龙五，襞积处团龙二十二，在领、袖、衣边加饰蓝色团龙杂宝织金缎及平金边各一，外缘镶染银鼠皮边，衬里采用湖色缠枝菊暗花绫。在领口系有墨书黄纸签，其上写有"仁宗绣红缎面染银鼠皮边夹朝袍一件"字样。

嘉庆 明黄色绸里黑狐皮端罩

身长：131厘米　两袖通长：176厘米　袖口宽：23厘米

下摆宽：126厘米　文物号：故44963

在中国古代冕服中，向有"大裘而冕"的遗风。尊崇祖制，清代将端罩作为皇帝礼服的一种，当冬季举行大典时，皇帝将端罩穿于朝袍之外以抵御寒冷。此件端罩圆领，对襟，缀铜鎏金錾花扣四枚，平袖，后开裾，身长过膝，左右分垂明黄色系带各二，下摆广而锐，衬里为明黄色暗团龙江绸。在领口系有黄纸签，其上写有"黑狐皮端罩一件"字样。这件端罩上身用黑狐皮，袖及下身续接雪貂皮，做工精细、选料精良，皮毛柔软、色泽光亮。

乾隆 石青色缎缉米珠绣四团云龙夹衮服

身长：110.70 厘米 两袖通长：114.40 厘米

袖口宽：27 厘米 下摆宽：148 厘米 文物号：故 45198

　　这件衮服是皇帝的专用礼服之一，圆领，对襟，缀铜鎏金圆扣五枚，平袖，左右及后开裾。领口系有残断黄条，其上墨书"缎绣缉米珠龙锦金……"及"高宗"等字样。在石青色缎地上用五彩丝线、金线和米珠于前胸、后背及两肩绣有五爪正龙四团，在左右两肩分饰日、月二章。在前、后的团龙纹样内加饰金圆寿字，团花边缘间饰五彩云、海水、卍字、蝙蝠和寿桃纹，寓意"万寿万福"。团花内龙纹均用小米般大小的白色珍珠缉绣而成，技法独特，装饰性强。这种缉米珠工艺在清代帝后服饰中并不多见，反映出乾隆时期刺绣工艺的高超水平。

（二）后妃礼服

清代冠服制度对皇太后、皇后、皇贵妃、贵妃、妃、嫔等的礼服同样做了严格详尽的规定。后妃礼服主要有朝袍、朝褂、朝裙等。

1. 朝袍

《钦定大清会典图》规定后妃朝袍分为五种形式，其中冬朝袍有三式，夏朝袍有二式。

冬朝袍一式："皇太后、皇后冬朝袍，色用明黄，披领及袖俱石青，片金加貂缘，肩上下袭朝褂处亦加缘。绣文，金龙九，披领行龙二，袖端正龙各一，袖相接处行龙各二，领后垂明黄绦，其饰珠宝惟宜。皇贵妃冬朝袍制同。贵妃、妃冬朝袍用金黄色，嫔冬朝袍用香色，领后绦皆用金黄色。余同。"

孝贤纯皇后朝服像

末代皇后婉容朝服照

冬朝袍二式："皇太后，皇后冬朝袍，色用明黄，片金加海龙缘。绣文，前后正龙各一，两肩行龙各一，腰帷行龙四，中有襞积，下幅行龙八，余如冬朝袍一。皇贵妃冬朝袍制同。贵妃、妃冬朝袍用金黄色，嫔冬朝袍用香色，领后绦皆用金黄色。余同。"

冬朝袍三式："皇太后、皇后冬朝袍色用明黄，片金加海龙缘，裾后开，余制如冬朝袍一。皇贵妃冬朝袍制同。贵妃、妃冬朝袍用金黄色，嫔冬朝袍用香色，领后绦皆用金黄色。余同"。

夏朝袍一式：与冬朝服二式基本相同，不加海龙缘，缎、纱、单、袷惟其时。

夏朝袍二式：与冬朝服三式基本相同，不加海龙缘，缎、纱、单、袷惟其时。

从以上不难看出，后妃朝袍虽有五式，但各式中自皇太后至嫔在纹饰上并无差异，只是所用颜色有所区别而已，皇太后、皇后、皇贵妃用明黄色，贵妃、妃用金黄色，嫔用香色。

2．朝褂

后妃朝褂为石青色，圆领，对襟，无袖，庆典时套于朝袍之外。《钦定大清会典图》规定后妃朝褂有三种形式。

其一式为石青色，片金缘，绣文，上身前后立龙各二，下面四层相同的襞积，一、三层各为行龙四，二、四层为万福万寿纹（蝙蝠、卐及寿字组成）。

其二式为前后正龙各一，腰帷行龙四，中有襞积，下幅行龙八。

其三式为前后大立龙各二，中无襞积，下幅八宝平水。

后妃朝褂均为石青色，只以领后垂绦来区别身份。皇太后、皇后、皇贵妃垂明黄绦，贵妃、妃、嫔垂金黄绦。

3．朝裙

朝裙穿于朝袍里面，一式为上部圆领，大襟右衽，无袖，腰及以下为百褶式裙。另一式为无上身，以带系于腰间，据光绪朝《钦定大清会典事例》规定："冬朝裙片金加海龙缘，上用红织金寿字缎，下石青行龙妆缎，皆正幅，有襞积。"夏朝裙与冬朝裙基本相同，无海龙缘。

乾隆 明黄色缎绣云龙金版嵌珠石皮朝袍

身长：134厘米　两袖通长：163厘米　袖口宽：20.50厘米

下摆宽：112厘米　文物号：故45201

  皇后朝袍共有三种款式。此是其中一种，为圆领，曲襟右衽，马蹄袖，肩部加缘，裾后开，附披领。领边、护肩缘边、披领边和下摆边均施貂皮出锋。袍里衬羊皮和天马皮（据《大清一统志·奉天府五》云："沙狐生沙碛中，身小色白，皮集为裘，在腹下者名天马皮，颔下者名乌云豹，皆贵重。"由此看来，"天马皮""乌云豹"都是沙狐皮，仅选取部位不同而已）。通身用五彩丝线绣流云和海水江崖纹，用金线绣龙纹，其中胸、背及两肩正龙各一，前后下摆行龙各二，马蹄袖端正龙各一。此袍与石青色缎绣云龙金版嵌珠石夹朝褂，及石青色寸蟒妆花缎金版嵌珠石夹朝裙，在装饰风格、工艺手法等方面完全一致，为乾隆帝孝贤纯皇后在冬季重大典礼时配套穿用的礼服。

嘉庆 明黄色纱绣彩云金龙纹夹朝袍

身长：135 厘米　两袖通长：194 厘米　袖口宽：22 厘米
下摆宽：120 厘米　文物号：故 42496

　　这是一件皇后（皇太后）所穿礼服。圆领，大襟右衽，左右开裾，马蹄袖，附披肩。在明黄色实地纱面上运用平针、套针、齐针、滚针、钉线以及平金等技法，绣出金龙、五彩云、蝠、花卉、杂宝及海水江崖等纹饰。袍身前后及两肩绣正龙各一、左右护肩缘行龙各一，下摆前后行龙各二，里襟行龙二，接袖行龙各二，马蹄袖端正龙各一，披领正龙二。袍及披肩缘镶石青色缠枝勾莲纹织金缎边。衬里为湖色团龙纹实地纱。此件皇后朝袍纹样富丽，做工精良、色彩鲜艳，是清中期宫廷服饰中的精品。

乾隆 石青色缎绣云龙金版嵌珠石夹朝褂

身长：130厘米　肩宽：40厘米　下摆宽：120厘米

左右开裾长：80厘米　文物号：故45200

　　朝褂是后妃礼服之一，长度一般会略短于朝袍。在庆典仪式上，后妃们要内穿朝袍、外罩朝褂。此件朝褂为圆领，对襟并缀九颗铜鎏金錾花扣，无袖，左右开裾，片金镶缘，衬里为红色暗团云龙金寿字织金缎。此朝褂前后身各以平金绣立龙二条，间以五彩云、蝠及水波纹，并且以缉米珠、珊瑚珠的绣出团寿字。在朝褂边缘处钉缀着嵌有珊瑚和绿松石的金版，金版之间用米珠和珊瑚珠组成的排珠相连。在朝褂上钉缀嵌珠石金版，是清乾隆时期之创新。这件朝褂在形制、色彩、纹饰、装饰工艺等方面，均与清代宫廷纪实性绘画《孝贤纯皇后朝服像》中孝贤纯皇后所着朝褂完全一致，并与乾隆时期严谨完备的冠服制度相吻合，是清代冠服制度与清宫遗存宫廷服饰互相佐证的典范。

道光 石青色绸缉米珠绣云龙夹朝褂

身长：139厘米　肩宽：40厘米　下摆宽：122厘米

左右开裾长：83厘米　文物号：故45195

　　这是一件皇后礼服。圆领，对襟，缀铜鎏金錾花扣五，无袖，裾左右开，后背垂明黄绦饰珊瑚珍珠喜字背云。衬里为红色四合如意云团龙寿字织金绸。在肩缘、衣边及衣襟处，饰以石青色团龙杂宝织金缎，其内侧缀金捶折枝花嵌翡翠红宝石金版，金版之间用米珠和珊瑚珠组成的排珠相连。在石青色绸地上，以缉米珠、平针、套针、打籽、平金等针法，绣出彩云、白龙、红双喜字、蝙蝠及海水江崖等纹，特别是以打籽绣的针法对龙身轮廓加以剪边，使主体纹饰更加生动突出，在故宫博物院收藏的清代宫廷服饰中使用这种装饰手法的仅有两件。

康熙 红色织金团寿石青云龙妆花缎朝裙

腰围：98厘米　腰高：17厘米　裙长：124厘米　下摆宽：197厘米
带长：75厘米　文物号：故41907

　　皇后（皇太后）春秋礼服之一。上部为红色暗花织金缎，图案为暗花四合如意云纹二龙捧金寿字。襞积下部为五彩云龙妆花缎。边饰三色金及石青片金边并镶海龙缘。红色素缎为里，内絮薄丝绵。裙左右各有铜鎏金錾花扣一枚，腰部有红色织金缎腰带两条，湖色素纺绸腰带一条。这件朝裙做工精细，配色庄重，在故宫博物院众多清宫服饰藏品中，这种系带式皇后朝裙仅此一件。

清代宫廷服饰

乾隆 大红色团寿织金缎接石青色寸蟒妆花缎金版嵌珠石夹朝裙

身长：145厘米　　肩宽：35厘米

下摆宽：179.50厘米　　文物号：故45194

　　这是一件穿在皇后朝袍里面的朝裙。圆领，大襟右衽，缀银鎏金光素扣四，铜鎏金錾花扣二。无袖，裾左右开，后身垂带两条，下直而锐，内衬为月白色素绸里。此朝裙分上中下三段，上身及中腰面料用红色团寿织金缎，只是在中段加了襞积，下幅为蓝地彩织出四层小行龙（也称寸蟒）并间饰五彩云纹妆花缎。此朝裙上、中、下三段还分别采用了夹、单、棉的不同做法。下摆片金镶貂缘并缀镶嵌有珊瑚、绿松石的金版，金版之间用米珠和珊瑚珠组成的排珠相连。此朝裙亦为孝贤纯皇后御用，与前面所介绍朝袍和朝褂为套装。在故宫博物院收藏的清代宫廷服饰中，为帝后一人所用的成套礼服并不多见。

二、吉服

清代吉服主要包括皇帝的龙袍、吉服冠、吉服带，皇子宗室的蟒袍（王公品官及命妇的蟒袍，在官服类另述）以及后妃们的龙袍、龙褂和吉服冠（钿子）等。

吉服是宫廷中举办庆寿、筵宴、大婚以及时令节庆等重大吉庆活动时穿的服装。清代早期，皇帝与后妃吉服除在款式上有所区别外，袍身上的纹饰都是八团龙纹。到乾隆时期服饰制度逐渐完善了以后，原来男女通用的八团纹样便仅用于装点后妃服饰了。

（一）皇帝吉服

皇帝龙袍：形式为圆领，大襟，右衽，马蹄袖，四开裾长袍式。据《钦定大清会典图》规定："皇帝龙袍，色用明黄，领袖俱石青，片金缘。绣文，金龙九，列十二章，间以五色云。领前后正龙各一，左右交襟处行龙各一，袖端正龙各一，下幅八宝立水，裾四开，棉、袷、纱、裘惟其时。"

皇帝龙袍上共绣九条金龙，两肩及前、后胸正龙各一，襟行龙四，另有一条绣于里襟处。如此虽为九条龙，但无论从前身或从后身看，可望见的均是五条金龙，正好与象征皇帝的"九五"之尊相吻合。

皇子蟒袍：色用金黄，绣九蟒，裾四开，亲王、郡王用蓝及石青色，曾赐用金黄色者亦得用之。贝勒、贝子蟒袍用蓝及石青色九蟒四爪，贝勒以下民公以上曾赐五爪蟒缎者亦得用之。

皇帝十二章龙袍图样

顺治 黄色八团云龙妆花纱夹龙袍

身长：118厘米　两袖通长：144厘米　袖口宽：12厘米　下摆宽：102厘米
前后裾长：23厘米　左右开裾长：20厘米　文物号：故 41738

此袍为清初期皇帝的龙袍。圆领，大襟右衽，缀铜鎏金錾花扣四枚，裾四开，马蹄袖。在明黄色暗云龙纹实地纱上以妆花技法织五彩祥云金龙八团，其中前胸后背及两肩正龙各一，下摆前后行龙各二。衬里为黄色四合如意云纹实地纱，领及马蹄袖为深蓝色勾莲纹漳绒，蓝色素织实地纱接袖。这件八团皇帝龙袍为清初服饰制度尚不完备时的款式之一，随着清中期冠服制度的确立，八团形式的龙袍成为后妃专用。

顺治 明黄色云龙妆花纱夹龙袍

身长：112厘米　两袖通长：136厘米　袖口宽：12厘米　下摆宽：100厘米

前后开裾长：31厘米　左右开裾长：18厘米　文物号：故41672

此袍圆领，大襟右衽，缀铜鎏金錾花扣三枚，裾四开，马蹄袖，为清顺治皇帝吉服之一。在明黄色纱地上，用妆花技法织出前胸后背及两肩正龙各一，下摆前后行龙各二，里襟正龙一，马蹄袖端行龙各一，领边行龙五，下摆为海水江崖，间以五色祥云。衬里用黄色八宝纹直径纱。这件龙袍是清初妆花工艺的经典之作。

雍正 明黄色缉线绣云龙天马皮龙袍

身长：140厘米　两袖通长：197厘米　袖口宽：15.50厘米　下摆宽：129厘米
前后开裾长：40厘米　左右开裾长：22厘米　文物号：故45187

雍正皇帝冬季时所穿吉服袍，圆领，右衽，大襟处缀铜鎏金錾花扣四枚，裾四开，马蹄袖。此袍内为天马皮，领及袖口镶紫貂皮。在明黄色缎地袍身上，以缉线针法为主，并运用平针、套针、平金、钉线、戗针、打籽等刺绣针法，绣出八条金龙以及五彩海水江崖、祥云、日、月、星辰、黼、黻、华虫、宗彝等纹样。绣工精细工整，构图饱满均衡，色彩淡雅协调。

雍正 明黄色缎绣云龙银鼠皮龙袍

身长：143.50厘米　两袖通长：198厘米　袖口宽：16.50厘米

下摆宽：126厘米　文物号：故45188

　　雍正皇帝冬季吉服袍之一。圆领，右衽，大襟处缀铜鎏金錾花扣四枚，四开裾，马蹄袖。在明黄色缎地袍身上采取多色间、退晕的装饰方法，用平针、套针、缉线、平金等针法，刺绣出金龙、五彩祥云、海水江崖及蝠寿杂宝等纹饰。在龙和云、蝠等纹饰的边缘通过缉线与钉线的点缀与勾勒，增加了图案的立体感。此袍内里为出锋银鼠皮，在领及袖口加镶貂皮。

乾隆　缂金彩云蓝龙青白肷狐皮龙袍

身长：150厘米　两袖通长：210厘米　袖口宽：18厘米
下摆宽：120厘米　文物号：故44886

乾隆皇帝冬季吉服袍之一。圆领，右衽，大襟处缀铜鎏金錾花扣五枚，四开裾，马蹄袖。青白肷狐（亦称"狐肷"，特指狐狸的胸腹部和腋下的毛皮）皮衬里，袖口处镶貂缘。缂金为地（行内称之为"金宝地"），采用平缂、长短戗、凤尾戗及勾缂技法，缂织出九条蓝色龙纹，其中前胸后背及两肩正龙各一，下摆前后行龙各二。里襟行龙一。间以海水、祥云、勾莲、蝙蝠、暗八仙等纹样。捻金纤细，构图饱满匀称、织造工整细致。设色鲜艳和谐。虽然采用了在金宝地上织出满地勾莲的装饰手法，但却贵而不俗，繁而不乱，图案整体依然层次分明，九条蓝龙仍旧鲜明突出。

乾隆 明黄色缎绣彩云黄龙夹龙袍

身长：144厘米　两袖通长：194厘米　袖口宽：16.80厘米　下摆宽：128厘米
前后开裾长：58厘米　左右开裾长：23厘米　文物号：故 41984

清高宗纯皇帝（乾隆）吉服袍之一。圆领，右衽，大襟处缀铜鎏金錾花扣四枚，裾四开，马蹄袖。运用平针、套针、平金、钉线、戗针等刺绣针法，在明黄色缎地上绣海水江崖、云龙、蝙蝠及十二章等纹样。领边、马蹄袖处为石青色缎绣云龙海水纹，并加饰织金缎及三色平金边。内衬湖色缠枝莲暗花绫里。在绝大多数的清代宫廷服饰中龙纹通常都是用金线表现的，而此袍采用黄色丝线来绣制龙纹，打破了传统上龙纹的绣制方法，这在清代帝后服饰中较为少见。

乾隆 蓝色江绸平金银缠枝菊龙纹夹龙袍

身长：144.50厘米　两袖通长：190厘米　袖口宽：18厘米

下摆宽：130厘米　文物号：故42016

　　乾隆皇帝吉服袍之一。圆领，右衽，大襟缀有铜鎏金錾花扣四枚，裾四开，马蹄袖。采取二色金银线交互换色的装饰方法，在蓝色江绸地上，运用平金技法绣制出龙及缠枝菊纹样。由于采取了金银线与缀螺钿结合的手法，又有效增强了装饰效果。与主题纹饰相呼应，在领边和袖口采用了石青江绸平金银云龙装饰，并沿石青色人字纹丝织绦。此袍内衬湖色缠枝菊暗花绫里，领口系黄纸签墨书"蓝色平金袷龙袍"。

乾隆 明黄纱双面绣彩云金龙单龙袍

身长：140厘米　两袖通长：190厘米　下摆宽：126厘米　文物号：故41971

此袍圆领、大襟、马蹄袖。由于是单袍，故采用了苏绣独特的双面绣技法，在两肩及前后各绣正龙一，襟及里襟共行龙五。在前胸后背正龙中间，各有一团云蝠围绕的花鸟纹饰，其中两只鸾鸟口衔杂宝飞舞，并点缀灵芝、寿石及牡丹，寓意"双鸾衔绶"和"福寿如意"。下幅彩绣杂宝海水江崖，通身点缀祥云瑞蝠。此袍系黄条，其上墨书"高宗"字样，应为乾隆皇帝御用。

打开的双面绣龙袍

双面绣龙袍局部

嘉庆 金黄色缂丝云龙纹蟒袍

身长：69厘米　两袖通长：103厘米　袖口宽：15厘米
下摆宽：74厘米　文物号：故42586

按《大清会典》规定：凡遇吉庆节日，皇子要穿金黄色的吉服袍。这件缂丝云龙纹蟒袍使用了金黄色，说明正是皇子在重大吉庆节日时所穿。另外，从袍身尺寸上看应是为未成年的皇子量身定做。此袍虽然纹饰与皇帝龙袍无大差别而且也是五爪龙，但因为是皇子所穿，所以不称龙袍称蟒袍。此袍为圆领，右衽，大襟处缀铜鎏金錾花扣五枚，裾左右开，马蹄袖。袍身在金黄色地上缂丝出金龙、五彩云蝠以及海水江崖纹，用石青色缂丝海水金龙做领边及袖口。

（二）后妃吉服

后妃龙袍：为圆领，大襟，右衽，马蹄袖，左右两开裾，据《钦定大清会典图》规定，后妃龙袍形式有三种。

其一式："领袖俱石青，绣文、金龙九，间以五色云，福寿文采惟宜，下幅八宝立水。领前后正龙各一，袖如朝袍，裾左右开，棉、袷、纱、裘惟其时。"

其二式："绣文，五爪金龙八团，两肩前后正龙各一，襟行龙四，下幅八宝立水，余制如龙袍一。"

其三式：与二式同为八团制，但下幅不施章采。

皇太后至妃嫔龙袍形纹皆同，仅以服色区别身份、地位。皇太后、皇后、皇贵妃用明黄色，贵妃、妃用金黄色，嫔用香色。

皇子福晋蟒袍用香色绣九蟒。亲王福晋、郡王福晋、固伦公主、和硕公主、郡主、县主蟒袍制同。

后妃龙褂：为圆领对襟，平袖，均石青色。据《钦定大清会典图》规定：自皇太后至妃龙褂为二式。一式为：色用石青。绣文，五爪金龙八团，两肩前后正龙各一，襟行龙四，下幅八宝立水，袖端行龙各二，棉、袷、纱、裘惟其时。二式除袖与下幅不施章采外，余制同一式。嫔龙褂主要是襟处为夔龙而非行龙。

在清代冠服制度中，帝、后龙袍虽属吉服，但它却有着吉、礼通用的属性。在清代帝、后出席的一些重大吉庆场合中常常会有朝袍、龙袍混搭或以龙袍代替朝袍的情形。这是由于一方面，龙袍相对于朝袍而言既同样庄重大气、华丽尊贵而又相对简约活泼、轻便舒适。另一方面，在清代宫廷之中，吉服也不像礼服那样较多地受到冠服制度的严格约束。从故宫博物院收藏的皇帝龙袍来看，其色彩之丰富、纹饰之多样也远非朝袍所能比。因此，可以看出在实际应用中，清代帝后，除了像登基即位和祭拜天地、先祖等一些必须着礼服的场合才穿着朝袍外，常常会根据不同的时令节日、不同的庆典类型，或依据个人的喜好来着朝袍还是着龙袍，甚至会挑选或定制不同色彩和纹饰的龙袍。据统计，清代帝后龙袍的颜色十分丰富，除明黄色外还有红色、酱色、香色、米黄色、藕荷色、蓝色、雪青色等十几种。龙袍上选用的纹饰也不仅限于龙纹，像长、圆寿字，汉瓦当，暗八仙以及喜相逢、四君子、五谷丰登等各种祥瑞题材的团花，包括大婚时所用的龙凤同和纹等，都成为龙袍上选用的纹饰。

皇后有水八团龙袍图样

皇后八团龙褂图样

顺治 明黄色织八团云龙妆花纱单龙袍

身长：140厘米　两袖通长：180厘米　袖口宽：15厘米

下摆宽：136厘米　左右开裾长：87厘米　文物号：故41737

皇后吉服中的八团龙袍有下摆有水和无水之分，此八团龙袍为下摆无水，圆领，右衽，大襟处缀有金托珊瑚圆扣四枚，裾左右开，马蹄袖。龙袍身以多色间晕方法，在明黄色暗团云龙实地纱上织出八团彩云金龙纹样。织工细致平整，构图舒朗得体，设色简洁沉稳。在领、襟、袖边，饰以蓝地彩云金龙妆花缎，外缘处再镶蓝色片金及二色平金边各一道。从领、襟处所饰妆花纹可看出其明显带有明代过肩龙的装饰风格，是典型的清早期宫廷服饰特征。

康熙 明黄色织八团龙盘寿字妆花缎夹龙袍

　　身长：148厘米　两袖通长：180厘米　袖口宽：16厘米
　　下摆宽：140厘米　左右开裾长：53厘米　文物号：故42565

　　此龙袍被认为是康熙帝祖母孝庄皇后的御用之物。圆领，右衽，大襟缀铜鎏金錾花扣四枚，裾左右开，马蹄袖。袍面为缎纹地，其上以妆花技法彩织蓝龙盘金寿字八团及海水江崖等纹。金寿字用红色丝线钩边，其他图案均以湖色丝钩边。素接袖为石青缎，领、袖边及接袖为团龙朵云妆花缎。湖色素纺绸里，内絮薄绵。领口系墨书黄纸签两个：其一正面书"香色缎织八团龙有水夹袍一件"，背面书"嘉庆十二年十二月初四日收，敬事房交"；其二书"香色缎织八团蓝龙金寿字夹蟒袍一件"。

雍正 雪青色八团云龙妆花缎绵龙袍

身长：154.50厘米　两袖通长：186.50厘米　袖口宽：18.50厘米
下摆宽：126.50厘米　左右开裾长：70厘米　文物号：故42045

此件龙袍为八团有水龙袍，是皇后吉服类中的一种。圆领，右衽，大襟处缀有铜鎏金錾花扣二枚，裾左右开，马蹄袖。在袍身两肩、前胸后背及前后衣襟处，以妆花手法，织出八团云龙图案。下摆处为海水江崖纹饰。此袍采用石青缎缉米珠绣云龙海水领袖边，缘饰为石青色团龙杂宝织金绸，内衬用白色素纺丝绸里。领口系一黄纸签，正面墨书："览藕荷缎织八团金龙（有水）绵袍一件（缉碎珠领袖）"；背面墨书："乾隆三十三年五月初五日收，敬事房呈"。吉服主要用于重大典礼以外的各种吉庆场合。此件龙袍所采用的雪青色以及其上全部为正龙的八团纹样，都与后来清冠服制度中规定的后妃龙袍颜色和衣襟处要饰行龙的规定有所不同。据考此龙袍为雍正皇帝生母孝恭仁皇太后乌雅氏所用。

雍正 明黄地满织彩云金龙妆花绸绵龙袍

身长：146 厘米　两袖通长：177 厘米　袖口宽：19 厘米

下摆宽：126 厘米　左右开裾长：79 厘米　文物号：故 42040

　　为皇后吉服三种形式之一。圆领，右衽，大襟处缀铜鎏金錾花扣四枚，裾左右开，马蹄袖。采取妆花织造工艺，在明黄色江绸地上，通身彩织出云龙及海水江崖纹样。绣云龙纹石青缎作领、袖边，缘饰有石青色团龙杂宝织金缎边及三色平金边各一道，里为月白色素纺绸。领口处系黄纸签，其上墨书"览香色宫绸织满地风云金龙绵袍一件"。清代宫廷服饰中的妆花织物，以采用同色丝线通梭织素地，局部用彩纬挖梭提花的最常见，而这件龙袍采取了通梭与局部挖梭结合织纹的方法，形成了满地纹饰的特殊风格，不仅工料倍增，难度也明显加大。这种类型的妆花织物在清代宫廷服饰中极为罕见，是清代江宁织造妆花织物的绝佳之作。

乾隆 杏黄色纱缀八团云龙夹龙袍

身长：147厘米　两袖通长：185厘米　袖口宽：21厘米

下摆宽：124厘米　左右开裾长：87厘米　文物号：故51104

  按清代冠服制度之规定，杏黄（金黄）色龙袍，为贵妃和妃在重大吉庆场合所穿。这件龙袍为圆领，右衽，大襟处缀铜鎏金錾花扣四枚，左右开裾，接马蹄袖，衬里为月白色团龙暗花纱。这件龙袍在杏黄色缠枝花卉暗花纱地上，缀绣了袍身的八团彩云金龙纹及下摆的海水江崖纹（缀绣是指将预先绣有相应纹饰图案的绣片，随图案边缘剪去地料保留花纹部分，然后将其钉缀在衣服或其他丝织品的相应位置的织绣装饰方法）。缀绣虽然可使纹饰在面料之上整体呈现出浮雕般的装饰效果，而且在先前裁剪服饰时，也不会像裁剪已织绣有纹饰的衣料那样受到制约。但由于挖缀技法在一定程度上增加了工序和难度，故在清代帝后服饰中并不多见。

清代宫廷服饰

乾隆 香色缎绣八团云龙夹龙袍

身长：148.50厘米　两袖通长：176厘米　袖口宽：21厘米
下摆宽：128厘米　左右开裾长：80厘米　文物号：故42011

《大清会典》中规定：香色的龙袍是嫔在宫内重大吉庆场合时所穿。此袍为圆领，右衽，大襟处缀银鎏金錾花扣五枚，裾左右开，马蹄袖。袍身彩绣八团金龙、夔龙及海水江崖等纹样。领边、接袖及马蹄袖为石青缎绣彩云金龙海水，饰缠枝花织金绸缘及三色平金边。袍衬为湖色暗花纱，内絮薄丝绵。在领口处系有两个墨书黄纸签，一书："香色缎绣上四团金龙下四团夔龙有水绵袍一件，乾隆四十九年十一月二十一日收"，一书："香色缎绣八团金龙夔龙绵蟒袍一件"。

乾隆 香色纳纱八团喜相逢吉服袍

身长：146厘米 两袖通长：172厘米 袖口宽：19厘米
下摆宽：123.50厘米 文物号：故42599

属后妃吉服袍。圆领，右衽，大襟缀铜鎏金錾花扣四枚，裾左右开，马蹄袖。在袍身以苏绣经典技法，运用包括平绣、打籽、平金、正一丝串、钉线等针法，在香色暗团龙纱地上，绣制出八团喜相逢及海水江崖等纹样。领、袖边饰石青色云龙织金纱，领口系有墨书黄纸签，正面书"香色纱纳八团有水单袍一件"；背面书"嘉庆五年五月二十三日收，四执事交"。这件单袍与石青缎缀绣八团喜相逢吉服褂共为一套，穿用顺序是袍在内，褂在外。

乾隆 明黄色纱绣八团富贵平安吉服袍

身长：147.50厘米　两袖通长：174厘米　袖口宽：19.50厘米
下摆宽：128厘米　左右开裾长：82厘米　文物号：故42132

　　属后妃吉服袍。圆领，右衽，大襟处缀铜鎏金錾花扣四，裾左右开，马蹄袖。以苏绣多色间晕与退晕的装饰方法，运用平针、打籽、平金、钉线、套针、缠针等针法，彩绣富贵平安插花八团及海水江崖杂宝纹。八团内为青铜出戟尊内插牡丹花，寓意富贵平安。间饰以如意、绶带及柿子等纹样，寓意世代如意。衣领和袖口缘饰石青色团龙杂宝织金缎及三色平金边，袖衬使用月白色团龙杂宝暗花纱。领口系墨书黄纸签二，其一书："明黄实地纱绣八团花卉蟒袍一件。"其二书："黄纱绣八团花卉有水单袍一件，乾隆三十年九月二十八日收。"此袍纹样经典古朴，绣工精彩细腻。

乾隆 绿色缎绣博古纹吉服袍

身长：151 厘米　两袖通长：174 厘米　袖口宽：18.50 厘米
下摆宽：124 厘米　左右开裾长：80 厘米　文物号：故 42151

　　属后妃吉服。为圆领，右衽，大襟处缀银鎏金錾花扣四枚，裾左右开，马蹄袖。在袍身的绿色素缎地上，运用苏绣的平针、打籽、套针等刺绣技法，彩绣出八只器型和工艺均不同的内插鲜花的瓷花瓶。从瓷瓶的种类上看分别有：青花红彩云龙纹瓶、青花缠枝唐草管耳瓶、青花黄釉扁瓶、仿青铜双环兽耳瓶、白瓷蟠螭双耳瓶等。瓶内插梅花、海棠、牡丹、芍药等花卉。在花瓶间还饰有折枝月季、牵牛、寿菊、蜀葵、罂粟花卉以及纷飞的彩蝶，下摆处为海水江崖杂宝纹。此袍用粉色素纺丝绸做里，内絮薄绵。在衣领及袖口缘饰石青云纹织金绸及三色平金边。领口系墨书黄纸签，正面书："绿缎绣花卉绵袍一件。"背面书："乾隆四十二年十二月初一日收。"此袍不仅工艺精湛，而且题材新颖别致，从其纹饰中出现的多姿多彩的瓷瓶，就大约可看出当时制瓷工艺的高超水平。

清代宫廷服饰

乾隆 雪灰色缎绣四季花篮吉服袍

身长：144厘米　两袖通长：180厘米　袖口宽：18厘米

下摆宽：122厘米　文物号：故42144

后妃吉服。圆领，右衽，大襟处缀铜鎏金錾花扣四枚，裾左右开，马蹄袖。使用雪灰色素缎面料，在通常八团的位置上绣出八组共二十余种花卉组成的花篮纹样，并间饰以折枝花卉和飞舞的彩蝶。下摆处绣海水江崖纹并间饰杂宝。月白色暗花绫为里，内絮薄绵。在领、袖边，饰石青缎平金绣凤鸟纹领袖边及石青片金缘。领口系墨书黄纸签二，一书："藕荷缎绣花卉有水绵袍一件，乾隆三十三年五月初五日收敬事房呈"，一书："藕荷缎绣花卉绵蟒袍一件"。

乾隆 绿色缎暗团龙吉服袍

身长：148厘米　两袖通长：170厘米　袖口宽：19厘米
下摆宽：130厘米　左右开裾长：83厘米　文物号：故42214

　　后妃吉服。圆领，右衽，大襟处缀铜鎏金錾花扣四枚，裾左右开，马蹄袖。袍身使用绿色团龙暗花缎，在领、接袖及袖口处镶饰彩绣折枝四季花卉纹领、袖边，缘饰团龙杂宝织金缎及石青缎彩绣莲花绦。采用月白缎袖衬，月白色素纺丝绸里，絮薄绵。领口系黄纸签，墨书："绿缎镶领袖绵袍一件，乾隆三十年九月二十八日收"。

道光 大红色缂丝加绘八团梅兰竹菊纹吉服袍

身长：138厘米　两袖通长：204厘米　袖口宽：42厘米

下摆宽：122厘米　左右开裾长：83厘米　文物号：故43452

　　后妃吉服因具有多彩多姿之特征，又称为"彩服"。吉服常常在时令及喜庆节日（即所谓"花衣期"）上穿着。这件吉服袍为圆领、右衽，大襟处缀有铜鎏金錾花扣四枚，左右开裾，马蹄袖。在大红色丝绸面上运用平缂、搭缂等技法，缂织出下摆处的海水江崖纹，并用笔彩绘出上面的梅兰竹菊纹八团。袍领、袖边为石青色地缂丝梅兰竹菊，外沿为卐字蝙蝠花卉织金缎。袍里用月白色实地纱。袍上所系黄纸签墨书："大红缂丝八团花卉有水袷蟒袍一件""道光二十一年又三月初七日收鞥可交"。此袍一反清廷宽袍窄袖的祖制，衣袖异常宽大，马蹄袖更是尽失其形制与功能，是清代道光时期的典型风格。

光绪 大红色绸绣八团龙凤双喜字吉服袍

身长：144厘米　两袖通长：212厘米　袖口宽：24厘米

下摆宽：118厘米　文物号：故44219

此大红色绸绣八团龙凤双喜字吉服袍（又称"龙凤同合"袍）属后妃吉服，是清代皇后大婚时所穿，与后面所介绍的清光绪石青色绸绣八团龙凤双喜字吉服为一套。此袍为圆领，右衽，大襟缀莲蓬式金扣五枚、裾左右开、马蹄袖。在大红色绸面料上，通身以金线和五彩丝线满绣出袍身纹饰，其中在前胸、后背、两肩和前后襟处绣龙凤双喜字纹八团，下摆绣海水江崖，通身除列十二章外，还在斜万字底纹上遍饰双喜、福、禄、寿字以及祥云、蝙蝠、仙鹤、寿桃和杂宝等吉祥纹样，衬里采用明黄色素绸。此袍做工十分精良，色彩及纹饰凸显吉祥喜庆、富丽堂皇。据考，光绪十五年（1889）正月，光绪皇帝与孝定皇后（隆裕）大婚时，在隆重的大婚典礼上，孝定皇后正是穿着这件"龙凤同合"袍。

此袍的特别之处，还在于其虽为皇后所穿，却在袍身纹饰中列出原本只能用于皇帝的十二章纹，这一点也是晚清宫廷服饰的一个显著特征。

清早期 红纱满纳回文锦地绣彩云金龙吉服褂

身长：107厘米　两袖通长：117厘米　下摆宽：96厘米

此褂圆领、对襟、平袖。虽以红色纱为面，由于在其上用明黄色线满纳回文锦地而将纱面完全掩盖。在锦地上再以苏绣技法绣出彩云金龙及万寿字。此褂是清早期时后妃所穿，清中期以后吉服褂均石青色。

康熙 石青色织八团龙盘寿字妆花缎夹龙褂

身长：152厘米　两袖通长：176厘米　袖口宽：21厘米
下摆宽：140厘米　后开裾长：78厘米　文物号：故41774

此龙褂为后妃吉服之一种，用于重大吉庆场合。此龙褂圆领，对襟，缀铜鎏金錾花扣五枚，平袖，后开裾，衬里用月白色暗花绫。在石青色缎地上，用彩色纬线以挖梭方法，织出蓝龙盘金寿字八团及海水江崖纹饰。领口系有两个墨书黄纸签，其一书："石青缎织八团龙有水绵褂一件，嘉庆十二年十二月初四日收，敬事房交"，其二书："石青缎织八团蓝龙寿字有水夹褂一件"。此件龙褂与另一件故宫藏康熙明黄色八团龙盘寿字妆花缎夹龙袍（文物号：故42565）为套装，同是清圣祖仁皇帝祖母孝庄皇后遗物。

乾隆 石青色缎缀绣八团喜相逢吉服褂

身长：142.50厘米　两袖通长：182厘米　袖口宽：25.80厘米
下摆宽：126.60厘米　后开裾长：82厘米　文物号：故44497

　　吉服褂是后妃吉服之一，用于宫廷内各种节日等吉庆场合。此褂圆领，对襟，缀石青素缎扣襻五枚，平袖，裾后开，内衬用月白色缠枝花卉暗花绫。在领口处系有两个墨书黄纸签，其一书："石青缎绣八元喜相逢女夹褂一件，乾隆十三年十二月初七日收"，其二书："石青缎缀绣八团五彩双蝶无水夹褂一件"。此吉服褂用平针、套针、戗针、缠针、钉线等苏绣针法，先绣出八团五彩对蝶（两只蝴蝶相对为典型的吉祥图案，被称作"喜相逢"）纹样，然后将其钉缀于袍身相应位置上。图案主体为两只飞蝶不期而遇，彼此嬉戏、争奇斗艳，十分娇媚生动。在蝴蝶的周边还饰以莲花、菊花、牡丹、海棠等花卉，使构图越发完整饱满，主题得以良好突出。流畅的线条、夸张的纹路和鲜丽的色彩，使对对蝴蝶尽显妩媚灵动。仔细观察时，每个团花内所饰纹样虽看似基本相同，但因其设色富于变化而绝无雷同重复之感。

光绪 石青色绸绣八团龙凤双喜字吉服褂

  身长：135厘米 两袖通长：176厘米 袖口宽：22厘米
  下摆宽：114厘米 后开裾长：75厘米 文物号：故44332

  吉服褂也称龙褂，是后妃吉服之一种，此件石青色绸绣八团龙凤双喜字吉服褂（又称"龙凤同"合褂），为皇帝大婚时皇后所穿服饰。褂为圆领，对襟，领口缀铜鎏金錾花扣一枚，另缀扣襻四枚，平袖，裾后开。在石青色江绸地上，运用平针、套针、戗针、平金、钉线等针法，彩绣八团龙凤双喜字及海水江崖等纹样。内衬用明黄色素纺绸里，内施薄绵。

三、常服

　　常服，顾名思义就是平常或经常要穿的衣服。在清代宫廷里，常服是皇帝、后妃们在日常较为一般性的，但又是正式场合所穿的一种礼节性装束。常服还是除礼服、吉服之外允许佩戴朝珠的宫廷服饰。常服的另一个用途是用于一些肃穆庄重的场合，如宫中举行的经筵大典、丧期中的吉庆节日以及因祈天、祭地或先祖忌日等进行斋戒时，帝后们在宫里均要着常服以示虔诚。由此看出，在清代宫廷里，常服在用途上既不同于等级森严、华丽庄重的礼服、吉服，也有别于完全不受制度约束可随意穿戴的便服。

　　由于在清代宫中祈天、祭地或祭祖等大大小小的祭祀斋戒活动名目繁多，再加上皇帝平时召见大臣议事及处理一般政务等也多着常服。因此，常服也是宫中穿用较多的一类服装。

　　常服的用途和使用性质，决定了其多选用素色或暗花织物为面料，其上基本没有织彩或绣纹。根据《钦定大清会典图》记载，常服包括常服袍和常服褂两种形式，以及常服冠、常服带等。其中"皇帝常服袍，色及花纹随所御，裾四开，棉袷纱裘惟其时"。"皇帝常服褂，色用石青，花纹随所御，棉袷纱裘惟其时"。皇帝常服袍为圆领，大襟，四

康熙皇帝写字像

开裾，袖端为马蹄袖。常服褂为圆领、对襟，四开裾，袖端为平袖。常服袍和常服褂一般是要同时穿用的，即内穿袍而外罩褂。但每逢夏季三伏炎热时节，允许只穿常服袍而不加外褂，这段时间在宫内被称为"免褂期"。是否"四开裾"是区别男、女常服袍、常服褂的主要依据。

（一）常服袍

乾隆 酱色暗花缎常服袍

身长：140厘米　两袖通长：184厘米　袖口宽：17.50厘米　下摆宽：124厘米
左右开裾长：23厘米　后开裾长：55厘米　文物号：故45832

常服是皇帝后妃等在日常一般性的，但又属正式的场合所穿的一种礼节性装束，并常用于一些经筵、斋戒等肃穆庄重的场合。常服多为单色素织或暗花绸缎，其上绝无绣纹。此件皇帝常服袍为圆领上缀石青色立领，右衽，裾四开，马蹄袖，大襟处缀铜鎏金錾花扣四枚，衬里用月白色缠枝菊暗花绫。此袍为乾隆皇帝御用，可单穿，也可在其外套上常服褂。

乾隆 蓝色暗花绸常服袍

身长：140厘米　两袖通长：182.50厘米　袖口宽：21厘米　下摆宽：116厘米
左右开裾长：25.50厘米　前后开裾长：59厘米　文物号：故58914

此袍采用蓝色团龙纹暗花江绸面料，圆领，领口镶滚元青素缎边，右衽，大襟上缀铜鎏金錾云纹扣四枚，马蹄袖，裾四开。

同治　柳绿色羽毛缎常服袍

身长：110厘米　两袖通长：153厘米　袖口宽：19.50厘米　下摆宽：100厘米
左右开裾长：20厘米　后开裾长：44厘米　文物号：故46880

此袍为同治皇帝常服之一，圆领，右衽，大襟缀铜鎏金镂空鱼纹扣五枚，裾四开，马蹄袖。此袍或单独穿用或与常服褂配套穿着。

光绪 草绿色暗花绸常服袍

身长：113厘米　两袖通长：154厘米　袖口宽：14.50厘米　下摆宽：74厘米
左右开裾长：18厘米　前后开裾长：47.50厘米　文物号：故45831

此袍以草绿色万字菊花杂宝纹暗花绸为面料，圆领，领口镶滚元青素缎边，右衽，大襟缀铜鎏金錾寿字扣五枚，裾四开，马蹄袖，袖口衬饰月白色素缎。

道光 银灰色暗花缎常服袍

身长：139厘米　两袖通长：200厘米　袖口宽：26.40厘米
下摆宽：119厘米　左右开裾长：72厘米　文物号：故45839

后妃春秋两季常服。圆领，右衽，大襟缀铜鎏金錾花扣五枚，马蹄袖，左右开裾。面料用银灰色江山万代纹暗花缎，衬里为蓝色素纺丝绸，领口镶滚元青素缎边。

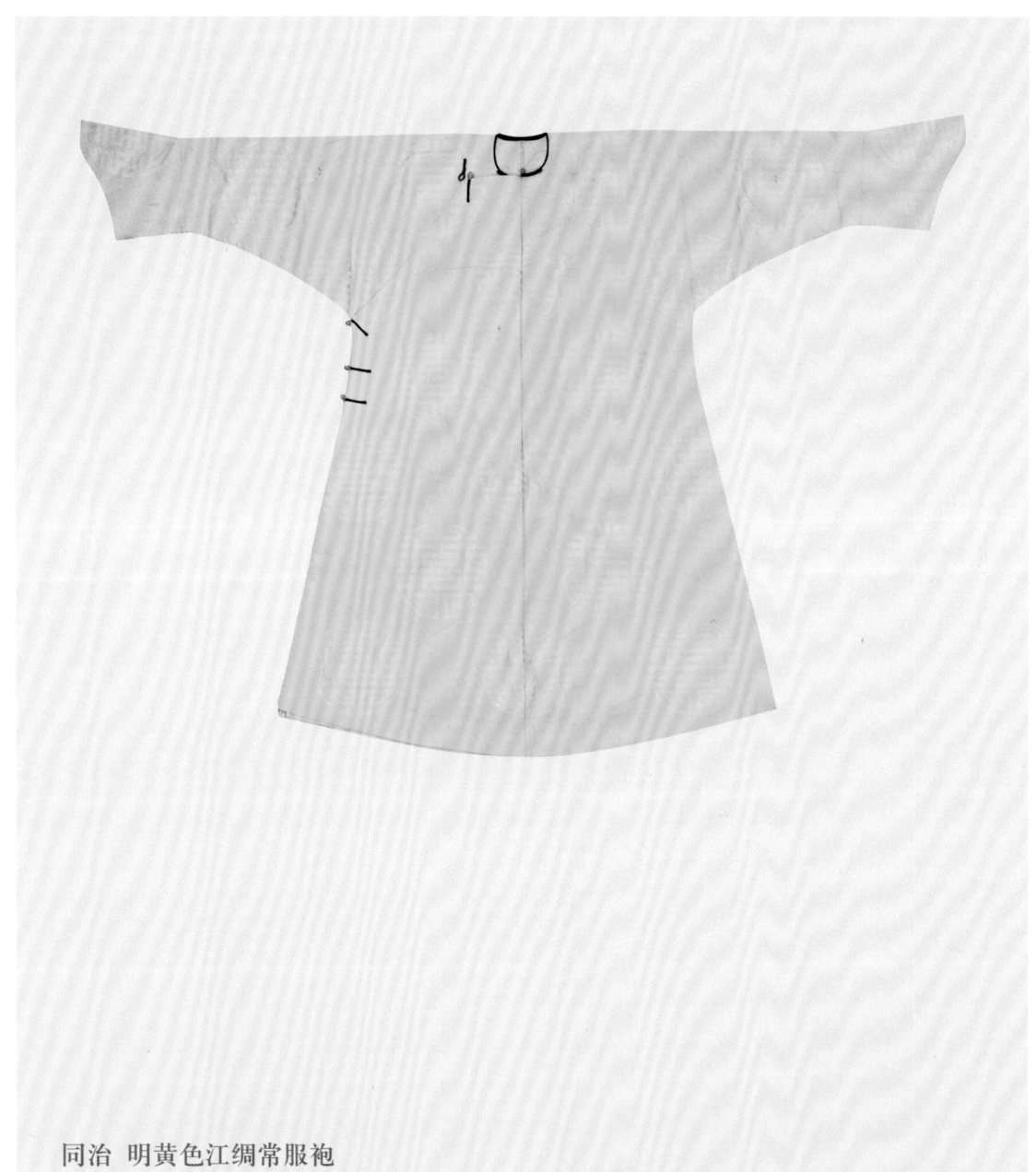

同治 明黄色江绸常服袍

身长：137.50厘米　两袖通长：220厘米　袖口宽：27厘米
下摆宽：116厘米　左右开裾长：72厘米　文物号：故45615

此件常服袍使用明黄色团寿字暗花江绸做面料，不挂衬里，应为皇后夏季常服。圆领，领口镶滚元青素缎边。右衽，大襟上缀铜鎏金錾花扣五枚，左右开裾，马蹄袖。

光绪 月白色泰西纱常服袍

身长：138厘米　两袖通长：188厘米　袖口宽：24.50厘米

下摆宽：72厘米　左右开裾长：76厘米　文物号：故46164

　　此为孝定景皇后（隆裕）常服袍。圆领，右衽，大襟处缀铜镀金扣五枚，左右开裾，马蹄袖，袖内饰月白色素纱里。面料选用月白色泰西纱。泰西缎、泰西纱等织物是指晚清时从西方直接进口，或利用从西方进口的纺织机器生产的新型纺织品。泰西织物不仅运用了独特的织物组织和显花方法，选用颜色以及花纹装饰也一改中国传统风格，所织花卉枝蔓流畅花朵硕大，俗称"大洋花"。晚清时这种泰西面料常用来制作后妃服饰。

（二）常服褂

乾隆 石青色缎常服褂

身长：142.50厘米　两袖通长：174厘米　袖口宽：23厘米　下摆宽：124厘米
左右开裾长：77.50厘米　后开裾长：86.50厘米　文物号：故42484

这件常服褂是乾隆皇帝常服之一，穿着时套穿于常服袍外面。此褂圆领，平袖，对襟并缀银鎏金錾花扣五枚，左右及后开裾。内衬为月白色缠枝菊暗花绫。领口系有两个墨书黄纸签，其一书："石青缎绵褂一件"，其二书："石青缎夹褂一件，乾隆四十二年十二月初一日收"。

乾隆 石青色缎女常服褂

身长：142厘米　两袖通长：168厘米　袖口宽：23厘米
下摆宽：128厘米　后开裾长：64.50厘米　文物号：故42480

此褂为皇后常服，圆领，领口处缀铜鎏金錾花扣一枚；对襟另有扣襻四枚，平袖，裾后开，月白色缠枝小花暗花绫做衬里。领口系有两个墨书黄纸签，其一书："石青缎夹褂一件"，其二书："览石青缎女夹褂一件，乾隆三十四年十月十五日收，王常贵呈"。在宫廷里夹服一般在春秋季节穿用。

乾隆 石青色暗花缎女常服褂

身长：146厘米　两袖通长：173厘米　袖口宽：24厘米

下摆宽：136厘米　后开裾长：85厘米　文物号：故42486

　　这件夹褂为皇后常服之一，一般在春秋两季时宫内较正式的场合穿用。褂为圆领，对襟，缀铜鎏金光素扣五枚，平袖，裾后开。以石青色团龙暗花缎为面料，月白色缠枝菊暗花绫做里。领口系墨书黄纸签两个，其一书："石青缎绵褂一件"，其二书："览石青缎夹褂一件，乾隆五十年四月初四日收敬事房呈"。

四、行服

　　入关前的满族及其前身女真部落，一直都是以狩猎骑射为其主要生活方式，因此也被称作马背上的民族。为了适应骑射的需要，满族人在长期的马背生活实践中，创造出了一种具有鲜明民族特色的，使跨鞍变得较为方便的骑乘服装——行服。在满族建立起全国政权后，清代统治者将这种极具本民族特色的服饰，作为清代冠服制度的主要内容载入了服饰制度之中。

　　骑射尚武不仅是满族赖以生存的生活习俗，还使其族群逐渐发展壮大，并最终靠它统一了全国。因此，行服在满族统治者眼中一向有"得胜袍""得胜褂"的美誉。为使这种骑射尚武的满族传统得以继承并发扬光大，从康熙时起，清代皇帝便不断地以祭祖谒陵、行围肆武之名巡幸各地。其中康熙皇帝三次东巡、六次南巡，乾隆皇帝四次东巡、六次南巡。

　　到了清代中期以后，一方面随着满、汉文化的不断融合，满族先民固有的生产和生活方式不可避免地出现改变，再一方面，清朝国力自此也开始逐渐由盛而衰，皇帝祭祖谒陵、围猎巡幸等活动再也不像以前那样频繁。行服的功能和作用越来越弱，穿着行服的场合也越来越少了。

　　清代的行服包括行服袍、行服褂、行服冠、行服带和行服裳等。行服袍褂所用材料、纹饰，在制度上没有严格规定。

（一）行服袍

从故宫博物院收藏的行服袍来看，其形制基本同于常服袍，只是比常服袍稍短，特别是在其前襟右下比左边短一尺，目的是使乘骑时抬腿跨鞍更加方便。也正因为在行服袍的前襟右下短了一尺，行服袍也被形象地称为"缺襟袍"。

皇帝行服袍样式为圆领，大襟，四开裾，箭袖。在《钦定大清会典图》里对皇帝行服袍是这样规定的："皇帝行袍，制如常服袍，长减十之一，右裾短一尺，色及花纹随所御，棉袷纱裘惟其时。"在不乘骑的时候，行服袍前襟右下所缺的一幅，常常用纽襻将其连接在前襟上，这时的行服袍看起来同常服袍基本一样了。

在清代，这种行服袍在皇帝巡幸、围猎之际，凡皇帝身边臣工扈行及所有行围人员等也都要照例穿着。而且，不论皇亲国戚、王公贵族和品官庶吏，只要骑乘出行时也都要穿行服袍。

康熙 大红色寸蟒妆花缎行服袍

身长：142厘米　两袖通长：168厘米

袖口宽：16.50厘米　下摆宽：120厘米　文物号：故41745

行服袍是适应生产、生活需要，为便于骑射应运而生的颇具满族特色的服装。此袍圆领，右衽，缀银鎏金光素扣共八枚，其中大襟处缀五枚，前襟右下缀三枚，裾四开，右裾短一尺，马蹄袖。以大红色寸蟒彩云花卉妆花缎为面，月白色素绢为里，内絮薄绵。这件行服袍是康熙皇帝御用行服。

康熙 油绿色云龙纹暗花缎行服袍

身长：136 厘米　两袖通长：200 厘米

袖口宽：15 厘米　下摆宽：140 厘米　文物号：故 44822

　　此袍紫貂皮领，右衽，马蹄袖，袖口银鼠皮出锋，大襟处共缀铜鎏金光素扣九枚（含右下掩襟处四枚），前后开裾，右裾短一尺。袍面为在绿色地上织二则四合如意云及龙纹的暗花缎，纹饰单位二尺有余（七十三厘米），明显带有明代纹特征及装饰风格。袍衬使用了月白色暗花绸，内絮薄绵。在领口系有三个墨书黄签，其一书："圣祖油绿缎绵巡幸袍一件"，其二书："得胜袍"，其三书："圣（祖）留用"。从其面料特征和黄条所示，均可确定此袍为清圣祖康熙皇帝御用行服。

(二) 行服褂

行服褂是骑马出行之褂，因而又称"马褂"，满语叫"额伦代"。这种对襟短褂明初时已出现。洪武二十六年（1393），朱元璋曾下令："禁官民步卒人等服对襟衣，惟骑马许服。"到了清代，马褂被列入行服，官名行褂。上自皇帝下至王公百官，八旗将士出行时均内穿行服外罩马褂。清中期以后皇帝出行巡猎逐渐减少，满族骑射风气也逐渐衰落，行服袍慢慢失去了往日的风采，但行服褂（马褂）却被保留下来并广泛流行于民间。此时无论满族还是汉族，做官还是为民，年长还是年幼，男士们出门时都喜欢在长袍外套一件马褂。此"长袍马褂"之风一直延续到了民国时期。

皇帝行服褂为圆领，对襟、短身、平袖、四开裾，穿于行服袍之外。《钦定大清会典图》规定："皇帝行褂。色用石青，长与坐齐，袖长及肘，棉袷纱裘惟其时。"文武官员在日常差遣期间或走访拜谒时，只需在其行服袍外加罩一件对襟行服褂，即可当作礼服使用。

亲、郡王及以下文武品官的行褂用石青色。领侍卫内大臣、御前大臣、侍卫班领、护军统领、健锐营翼长的行服褂用明黄色，其余诸臣凡赐穿黄马褂者也可穿（这也是明黄色在除皇室之外使用的个例）。八旗四正旗副都统、正黄旗用金黄色，正白旗、正红旗、正蓝旗各按旗色。四镶旗副都统中，镶黄旗、镶白旗、镶蓝旗用红色缘，镶红旗则用白色缘。前锋参领、护军参领、火器营官，按八旗着行褂。火器营兵用蓝色白缘，健锐营前锋参领用明黄色蓝缘，健锐营兵用蓝色明黄缘，虎枪营总统领用金黄色。虎枪校用红色，虎枪兵用白色，均青缘，自领左右端直下至前裾。

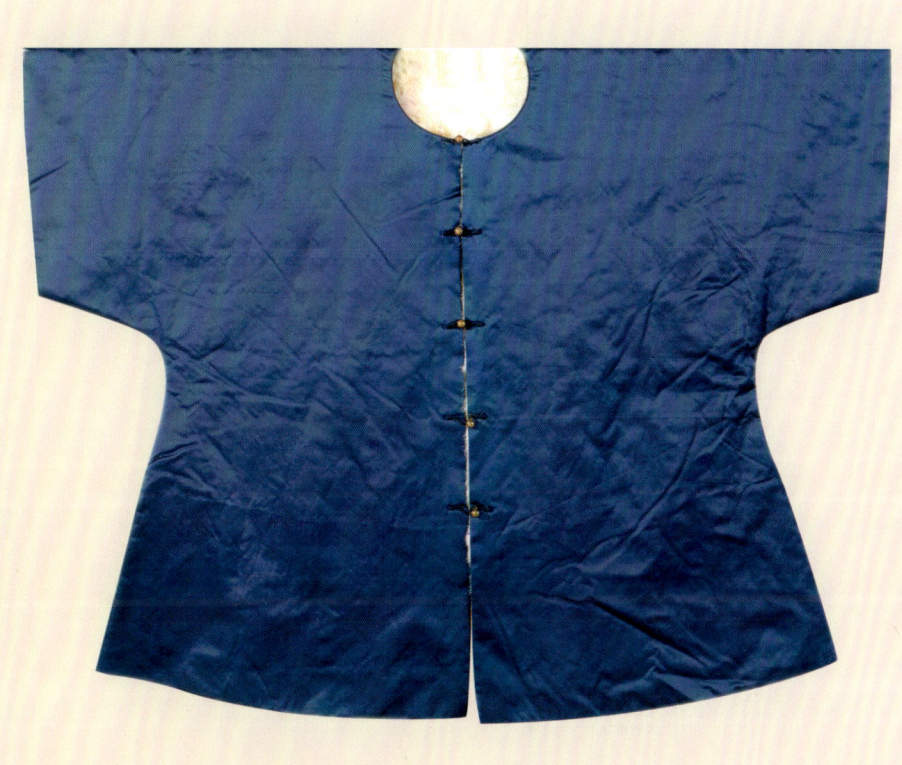

康熙 石青色缎银鼠皮行服褂

身长：76厘米　两袖通长：104厘米　袖口宽：30厘米
下摆宽：88厘米　左右开裾长：25厘米　后开裾长：33厘米　文物号：故44841

此行服褂为皇帝行服之一，围猎及谒陵等场合穿在行服袍之外。圆领，对襟并缀铜鎏金錾花扣五枚，身长齐腰，左右及后开裾，平袖，袖长及肘。石青色素缎为面，内挂银鼠皮里。领口处系一黄纸签，墨书有"圣祖"二字。

清 代 宫 廷 服 饰

（三）行服裳

行服裳也称行裳，在满语中称作"都什希"，为左右两片，如随侍甲裳之制，上边用一横幅以带系之，或毡或袷，冬季时用皮毛作表。《钦定大清会典图》规定："皇帝行裳色随所欲，左右各一幅，前直，后上敛，中丰下削，并属横幅。横幅用石青布。毡子、袷惟其时。……冬用鹿皮，或黑狐为表。"

雍正 酱色羽毛缎行服裳

长：89厘米　腰围：106厘米

下摆宽：122厘米　文物号：故41946

此行裳其式如围裙，左右两幅，中开裾。行裳的面料多为耐磨保暖的毛皮、毡、羽毛缎等，这件行裳以羽毛缎为面料，具有耐磨、防雨的作用。腰襕用蓝布并延及系带，在左右两幅内侧分别钉缀束腿带各二。穿着时行裳腰襕系于腰间，用里侧的带子将两幅分别系于双腿。行裳是满族的特色服饰，清中期以前，清代皇帝在出行和围猎之时，都要系行裳于腰间。清晚期时，皇帝出行围猎减少，八旗骑射渐废，行裳亦逐渐从宫廷服饰中淡出。

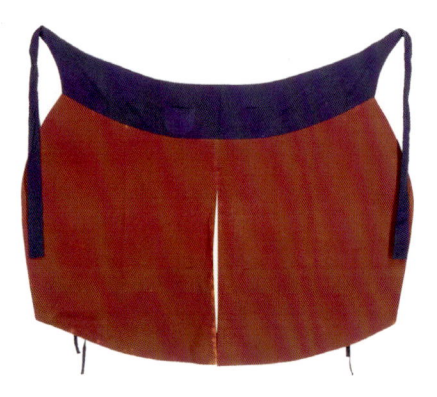

雍正 梅花鹿皮行服裳

长：97厘米　腰围：110厘米

带长：274厘米　里侧带长：90厘米

文物号：故50951

这件行裳采用拼花梅花鹿皮为面，缃色暗花春绸做里，腰间为石青色绵布带。左右两幅，中开裾。两幅内侧分别缀石青色丝带及缀铜光素扣各一枚。鹿皮轻薄柔软、保温御寒。适用于冬季出行穿用。

五、雨服

在清代宫廷服饰制度中，专门设有雨服一项。雨服由雨冠、雨衣、雨裳组成。

（一）雨冠

皇帝雨冠有冬、夏二式。冬雨冠，顶崇，前檐深，明黄色，有毡，有羽缎，皆月白缎里，有油绸，不加里。皆蓝布带。夏雨冠，前檐敞，余制如冬雨冠。皇子雨冠用全红色，毡及羽纱、油绸惟其时，蓝布带。亲王以下至文武三品官、御前侍卫、乾清门侍卫、内廷行走官员雨冠制同。文武四品至六品官雨冠用红色，前加青色缘二寸五分，后五寸。毡及羽纱、油绸惟时，蓝布带。文武七、八、九品官，凡有顶戴人员雨冠用青色，前加红色缘，二寸五分，后五寸，余同。军民雨冠用青色，余同。

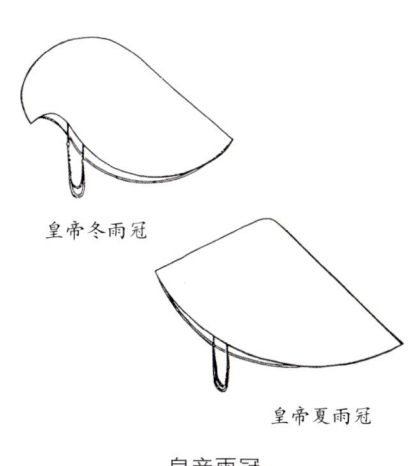

皇帝冬雨冠

皇帝夏雨冠

皇帝雨冠

(二) 雨衣

皇帝雨衣分为六种样式。

其一式：明黄油绸不加里，制如常服褂，而长与袍称。自衽以下加博焉，上袭重衣，领下为襞积。无袖，斜幅相比，上敛，下递丰。两重均加掩襟，领及纽约（纽襻）皆青色。

其二式：明黄色，领下为襞积。无袖。斜幅相比。上敛，下递丰。前加掩襟。领及纽约如衣色，有毡，有羽缎，皆月白缎里。有油绸不加里，纽约青色。

其三式：明黄油绸不加里，制如常服袍，而袖端平。前施掩裆。领用青羽缎，纽约青色，外加袍袖如衣色。

其四式：明黄色，制如常服褂而加领，长与袍称。领及纽约如衣色。有毡、有羽缎，皆月白缎里。

其五式：明黄色，制如常服褂而加领，长与坐齐。领及纽约如衣色，有毡，有羽缎，皆月白缎里。

其六式：明黄油绸不加里，制如常服袍而加领，长与坐齐，袖端平，前施掩裆，领用青羽缎，纽约青色。

皇子雨衣也有两种样式。一式用红色，毡及羽纱、油绸惟其时，制如常服袍而袖端平。前施掩裆。亲王下至文武一品官，御前侍卫，各省巡抚雨衣制同。文武二品官下至军民雨衣用青色，余同。

皇子雨衣二式用红色，毡及羽纱、油绸惟时，制如常服褂而加领。长与坐齐，前施掩裆。亲王下至文武一品官，御前侍卫，各省巡抚雨衣制同，文武二品官下至军民雨衣用青色，余同。

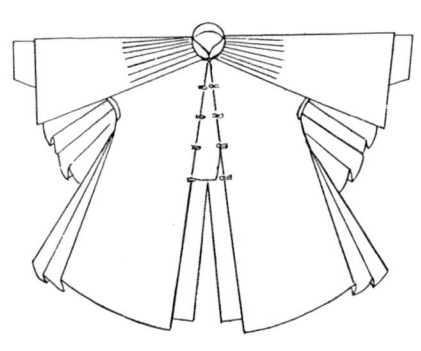

皇帝雨衣一式

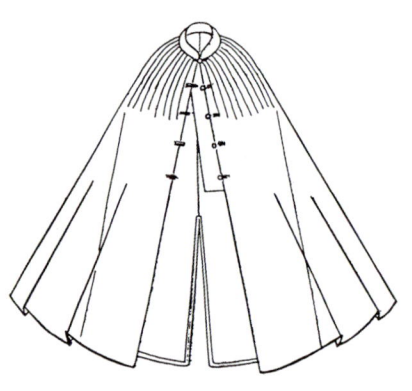

皇帝雨衣二式

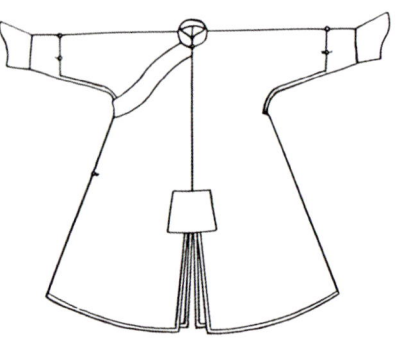

皇帝雨衣三式

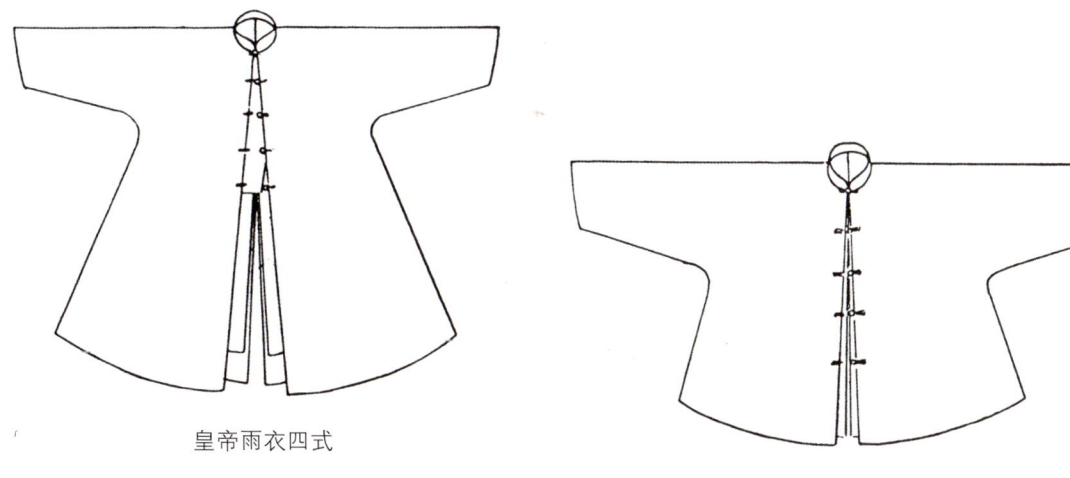

皇帝雨衣四式

皇帝雨衣五式

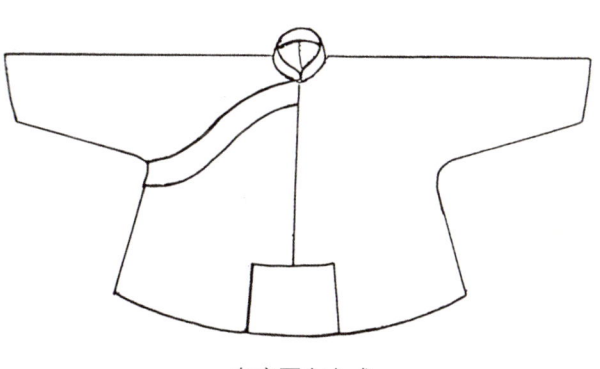

皇帝雨衣六式

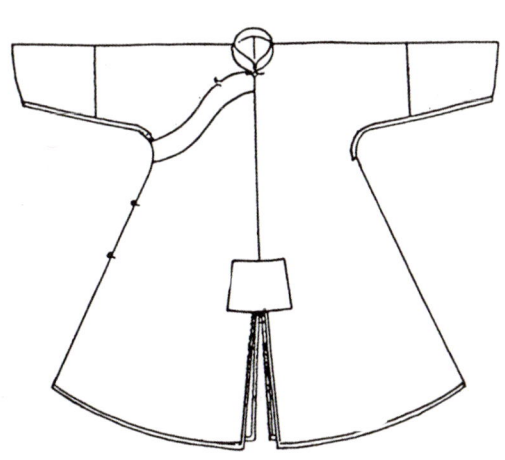

皇子雨衣一式

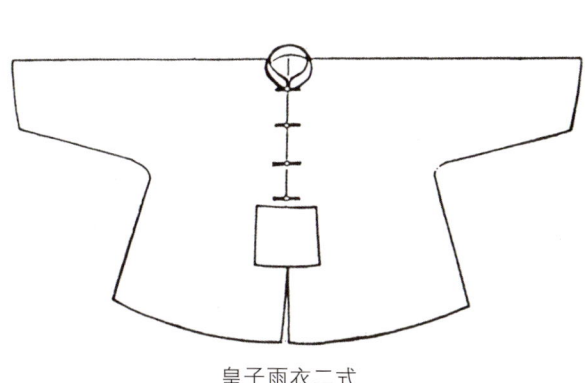

皇子雨衣二式

(三) 雨裳

皇帝雨裳有两种样式。其一式为明黄油绸不加里，左、右幅相交，上敛下递博。上前加浅帷为襞积。两旁缀以纽约，青色。腰为横幅，用石青布。两末削为带以系之。皇帝雨裳二式为前为完幅，不加浅帷，余制如一式。

皇子雨裳用红色，毡及羽纱、油绸。前为完幅，腰为横幅，用石青布。亲王下至文武一品官，御前侍卫，各省巡抚雨裳制同。文武二品官下至军民雨裳用青色，余同。

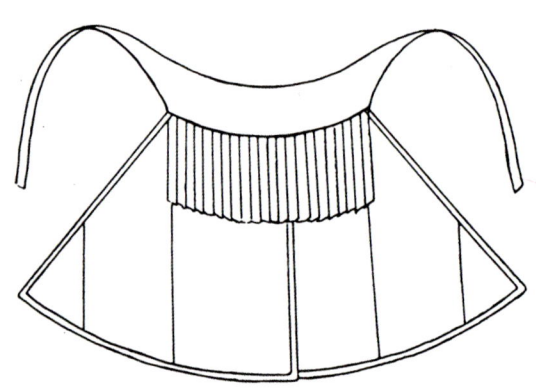

皇帝雨裳一式

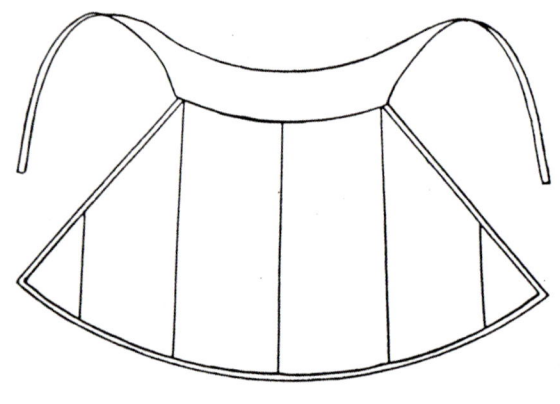

皇帝雨裳二式

康熙 大红色水波纹羽纱雨服

身长：127厘米　两袖通长：194厘米　下摆宽：136厘米

此雨服制如常服褂，立领，对襟，缀铜鎏金扣六枚，平袖，裾四开。立领处衬月白色里并在领边用石青色素缎滚边。雨服面料为大红色平纹羽毛纱，经线为红色，纬线为红、白二色。在织物表面显现出的水波纹（云纹）是织后碾压上去的。这样既利用羽纱本身所具有的防水特性，又通过碾压使织物变得更加紧密，从而达到更加良好的防雨效果。根据这件雨服的织物工艺特点及雨衣上所系黄签所书"圣祖红羽纱单大褂一件"来判定，此件雨衣应为清初康熙御用遗物。雨衣面料没有采用明黄色是因为在此时期服饰制度尚未确立。在故宫博物院所收藏的数以万计的清代宫廷服饰中，这件大红色水波纹羽纱雨服为仅存。

六、戎服

"戎"从十从戈，是古代兵器的总称，引申义为战争或征伐。戎服则是指用于战争的服装。古代戎服的作用主要是防护身体，而甲胄就是戎服当中能够对人身起到良好防护的装备。甲胄中穿在身上的称为甲，戴在头上的称为胄。作为冷兵器时期专门用于防护身体的特殊装备，甲胄一方面要非常结实才能对参战人员提供有效的防护。但另一方面，由于甲胄是要穿在将士身上来起防护作用的，所以又不能一味地追求坚固而不考虑轻便和灵活。所以甲胄不仅要质地坚固，还要兼顾到不能过于沉重和使活动受限。

满族人坚信弓矢定天下的道理，并依靠其骁勇善战的八旗铁骑争得天下。故满族统治者一向把崇骑射、尚武功奉为祖制。太宗皇太极就曾谕示："衣服、语言悉遵旧制，时时练习骑射，以备武功。""我国家以骑射为业，今若不时亲弓矢，惟耽宴乐，则田猎行阵之事必致疏旷，武备何由而得习乎？盖射猎者演武之法，服制者立国之经。朕谕尔等时时不忘骑射……转相告诫后世子孙遵守，毋变祖宗之制耳。"当在全国建立起统一的大清政权后，大规模战事越来越少，为不使崇骑射尚武功的祖制荒废，继续保持八旗军队骁勇善战的军力，清政府及时确立了大阅制度和行围制度，清初顺治时便规定了每三年要举行一次大阅。所谓大阅即皇帝阅兵，大阅之时，上自皇帝下至参阅将帅兵勇皆着戎服布阵操演。乾隆时期，大阅一般在京郊南苑举行，届时皇帝身着大阅甲，满、蒙、汉八旗数万官兵着八旗甲胄，威风凛凛、旌旗招展、大炮轰鸣，场面极为壮观。这一辉煌威武的场景从故宫博物院所收藏的乾隆大阅图可窥见一斑。

从康熙时起，位于承德府以北的木兰围场就成为清代皇帝举行大型狩猎习武活动的地方。此后，多位清代皇帝都在夏末秋初之际率部来这里行围打猎，史称"木兰行围"，又称"木兰秋狝"。其实，不论大阅还是行围，实际上都是清代皇帝亲自参与的大规模军事演练，目的就是通过这种实兵操练，检阅军队的武备和战力，鼓舞士气。

历史上，甲胄除用于各种操兵演练及战事外，也会用在其他一些隆重的礼仪上，以达到鼓士气、壮军威的作用。对于甲胄的这种特殊作用，历代统治者都十分重视，到了清代则更加注重甲胄的设计和制作。从而使清代甲胄更加坚固、轻便、威武。

入关前清代宫廷甲胄（御用甲胄、八旗甲胄）多是既用于作战，又用于礼仪，甲胄的防护功能十分突出。但到了康熙以后，宫廷甲胄已经基本失去实战的功用而完全用于礼仪了。从故宫收藏清代各时期的宫廷甲胄上可以很清楚地看出这种功能的转变。

（一）御用甲胄

故宫收藏的御用甲胄有入关前努尔哈赤和皇太极甲胄，以及入关后的顺治、康熙、乾隆和咸丰等皇帝的甲胄。其中除努尔哈赤甲为袍褂式外，其余均为上衣下裳式，由护肩、护腋、两袖、下裳及前挡、左挡构成（因要佩箭囊而无右挡），有的还加有护心镜。其中努尔哈赤及皇太极甲胄，较完整地保持了清入关前甲胄实战与礼仪兼具的特色。其缎面铁叶甲和炼铁胄形制较为简单、笨重，但能有效阻挡刀、剑刺入。据考证这部分入关前的甲胄不是原物，而是乾隆时期参照原物复制而成的。

乾隆大阅图

清入关后，大规模战争结束，疆域趋于

稳固，这时的皇帝基本不需要像他的前辈们那样亲统大军南征北战了。因而从顺治起，皇帝甲胄就不再通身装铁叶，而是比较明显地向轻利、便当、威武、美化发展。到康熙、乾隆时期，政权稳固、国力鼎盛，皇帝甲胄已不再具有实战功能的必要，而完全成为用于礼仪、庆典的象征性服装了。为彰显皇权的至尊至上，此时的皇帝甲胄更加突出威严与华贵，铁甲叶换成黄金甲叶，在明黄缎地上还彩绣出精美的云龙图案，铁胄也被皮胄取代，在胄顶还饰以名贵的东珠等饰物。

乾隆（复制）努尔哈赤红闪缎面铁叶盔甲

盔高：28厘米
直径：22厘米
甲长：113厘米
文物号：盔故 171115-6/7
　　　　甲故 171804

这是一件乾隆时期所复制的清太祖努尔哈赤御用盔甲。盔为钢质，盔顶、前后梁及遮檐为铁錽金錾龙、火珠、云和缠枝莲叶纹，上立缨管。盔搭、护耳和护颈以及甲袍面均用绿地缠枝莲花纹红闪缎，其上布满银钉饰，蓝缎缘。其中盔搭、护耳和护颈里为黄绒包裹钢片；甲袍里为古铜色粗布，其上固定有层叠排列的长十厘米、宽七厘米的钢片。两袖用镀金、银錾如意云纹的细长钢片连缀接成。随左右护腋两件。随甲系有黄木牌，其上墨书："太祖高皇帝红闪缎面盔甲一副，红闪缎面铁盔一顶，石青缎面盔衬帽一顶，金累丝盔缨一个，嵌蚌珠一颗、正珠十八颗、染貂皮二十，红闪缎面甲褂一件，大袖两件，遮窝两件。"

乾隆（复制）皇太极蓝色缎绣龙纹铁叶盔甲

盔高：30 厘米

直径：22 厘米

甲上衣长：71 厘米

下裳长：77 厘米

文物号：盔故 171134

甲故 171805

此为乾隆时期所复制清太宗皇太极的御用盔甲。盔为钢质，前后梁，遮檐的龙、火珠、云和缠枝莲叶纹用铁鋄金錾工艺。盔顶立缨管，盔搭、护耳和护颈均为蓝色缎地绣云、火珠、暗八仙等图案，遍布银钉，蓝缎缘，里为黄绒包裹钢片。甲为上衣下裳式，同样以蓝色缎为地，绣龙、云、火珠、暗八仙、海水江崖等图案。上衣等距离布银钉，蓝缎缘。上衣里为古铜色粗布，其上固定长十厘米、宽七厘米的钢片，层叠排列。两袖长七十厘米，以细长钢片连缀接成，肩部最宽处二十厘米，袖口最窄处十三厘米。下裳纵向等距离排列钢片五重，每重间以银钉相隔固定。左右护腋，前、左遮缝各一件，外铆银钉，内均附钢片。随甲系黄色木牌，墨书："太宗文皇帝绣蓝缎面盔甲一副，绣蓝缎面铁盔一顶，石青缎面盔衬帽一顶，金累丝盔缨一个，嵌蚌珠一颗、正珠十八颗、染貂皮二十，绣蓝缎面甲褂一件，大荷包一件，小荷包一件，大袖二件，遮窝两件，明裙一件"。

清代宫廷服饰

顺治 品月色锁子锦盔甲

盔高：33厘米　直径：22厘米　甲上衣长：73厘米

下裳长：71厘米　文物号：盔故172048 甲故171803

　　为清世祖顺治帝御用甲胄。盔为钢质，其上镂金累丝云龙及如意云纹饰，上嵌各种珊瑚珠、青金石、绿松石、螺钿珠等。盔上饰四道（缺一）镂金累丝降龙金梁。盔顶为镂空金累丝盘龙圆球及缨管，缨管顶嵌大东珠，四周垂貂皮盔缨。盔搭、护耳和护颈均为品月地人字纹锦，石青缎缘，布铜镀金钉。甲采用品月地锁子纹锦，石青缎缘，月白绸里，外布铜镀金圆钉。甲由上衣、护肩、护腋、袖、下裳、前挡和左、右挡等共十一件组成。上衣前胸正中悬一圆形护心镜，镂金累丝云龙做边饰。护肩接衣处，以镂空金累丝云龙纹和八宝图案装饰，其上镶嵌珊瑚珠、珍珠、青金石、绿松石等。下裳分左右两片，上排钢叶六道。随甲系有黄木牌，其上墨书："世祖章皇帝嵌珊瑚珠石红铜镀金月白锦缎面绵盔甲一副，嵌珊瑚珠石铜镀金铁盔一顶，石青缎面盔衬帽一顶，金累丝盔缨一个，嵌蚌珠一颗、正珠十八颗、染貂皮三十，甲裪一件，大荷包二件，遮窝二件，护肩二件，嵌珊瑚假珠石明裙一件、明袖两件，嵌珊瑚假珠石护心镜一个，嵌珊瑚假珠石镀金玲珑腰刀一口"。

康熙　明黄色缎绣彩云金龙纹大阅甲

上衣长：75.50厘米　两袖通长：158厘米　下裳长：71厘米　文物号：故171797

　　这件盔甲是康熙帝检阅八旗军队时所穿。在明黄缎地上运用高绣手法绣出彩云金龙、海水江崖及杂宝等纹。周身等距钉缀鎏金铜泡钉。蓝色素纺丝绸里，内絮薄绵，黑丝绒镶边。甲为上衣下裳式并分为若干块，穿时各部分用铜鎏金扣襻相连。上衣为对襟，护肩、护腋及两袖分置，前、侧挡各一。下裳为两幅。

清 代 宫 廷 服 饰

康熙　石青色缎绣彩云蓝龙绵甲

甲衣身长：78 厘米

肩宽：43 厘米

下摆：77 厘米

围裳腰围：100 厘米

高：92 厘米

文物号：故 44498

　　这件康熙甲由上衣下裳两部分组成。甲衣双肩装有鎏金龙纹铜版护肩一对，两腋系云头状护腋，前挡、侧挡各一（右侧因有箭囊而无挡）。围裳分为左右两幅，穿时用带子系于腰间。甲用石青色缎作面料，各部位用五彩丝线绣正面团龙、升龙、降龙，间饰祥云、海水、杂宝等纹样，月白色丝绸为里，内絮丝绵。通身钉缀鎏金铜泡钉，以彰显坚固和威武。

雍正 月白缎绣金龙绵甲

上衣长：74厘米　下裳长：67厘米　文物号：故171802

清世宗雍正帝御用甲。上衣下裳式，在月白缎地绣有金龙、火珠、祥云及海水江崖等纹样，周身遍布铜镀金泡钉，内衬用蓝色绸，敷一层薄丝绵。除甲衣外，左、右护肩，左、右袖，前、左遮挡各一，下裳亦分左、右两幅。穿时各部分由扣襻连缀成一整体。

乾隆 明黄色缎绣彩云金龙纹大阅盔甲

盔高：31.50 厘米

直径：21 厘米

甲上衣长：76 厘米

下摆宽：74 厘米

袖长：87.50 厘米

下裳长：70 厘米

下摆宽：57 厘米

文物号：盔故 171125 甲故 171801

　　清高宗乾隆帝御用盔甲，为乾隆皇帝点阅八旗军队时所穿，也即通常所说的"乾隆大阅甲"。盔为牛皮胎外髹黑漆，盔顶饰镂空嵌珍珠金龙宝盖。前后梁錾金云龙纹并饰珍珠，梁中饰金刚石螣蛇。盔体上有镀金梵文三重，计四十四字，间以璎珞纹。盔上植缨，缨顶端为金累丝升龙托大东珠一颗，缨管为金蟠龙纹并衔珍珠，四周垂大红片金里黑貂缨二十四条。甲分上衣、下裳、护肩、护腋、袖、挡等多个部分，分别在明黄缎地上刺绣出五彩朵云金龙纹以及海水江崖纹。甲面有规则地排列金泡钉。甲衣正中镶有钢质护心镜，镜四周饰錾金云龙纹。两袖以金丝条编织，袖口月白缎绣金龙纹饰。裳分左右幅，以腰襕相连，裳面以金叶片、金泡钉、彩绣龙戏珠纹相间排列。此甲里用月白色绸。

乾隆　金银珠云龙纹盔甲

盔通高：33.50厘米　直径：22厘米

甲上衣长：73厘米　下裳长：61厘米

文物号：故172051

为清高宗乾隆帝御用。盔为牛皮胎髹黑漆，镶以金龙、梵文并饰珍珠。盔顶安金累丝座，嵌红宝石及珍珠，垂黑貂缨。盔的护颈、护耳、护项以及甲衣、围裳均用细小钢片连缀而成（全套甲面共用小钢片约六十万个，重三十斤八两），甲面只留金、银、铜、黑四色金属珠组成的云龙纹图案。其中甲前胸正龙一条、升龙两条，后背正龙一条，左右袖正龙各一条，左右护肩、左右前腋、前挡（即衣前遮缝）、左挡（左遮缝）各有正龙一条。左右裳正龙各一条。甲里用绸并絮有丝绵。除盔以外，上衣下裳共可拆分为十二件。在这件甲衣领上还用金线绣有"大清乾隆御用"六个字。

注：据清宫造办处活计档案记载，在乾隆二十三年（1758），造办处曾试做过一块类似的甲衣，但因乾隆对其外露的单色钢珠不满意，传旨把钢珠做成金、银、铜、黑四色以方便显示甲面龙纹。在第二年做成了四色珠之后，为稳妥又特别放置了一年，以验明钢珠颜色不会改变，最后才于乾隆二十六年（1761）制作成了这件盔甲。

乾隆 蓝地万字织金缎绵甲

甲上衣长：67厘米

下裳长：96厘米

文物号：故171787

这件绵甲是乾隆皇帝于冬季参加一般军事活动时所穿用。甲为上衣下裳式，蓝色冰锦纹万字织金缎为面。甲衣围裳由九部分组成，遍布镀金铜泡钉，边饰一道正方形镀金饰物，缘饰蓝色绒。在护肩、护腋及袖口处分别有镀金雕龙饰件，胸部正中悬圆形护心镜。

清中期 石青地万字织金缎绵甲

上衣长：68厘米

下裳长：96厘米

文物号：故171789

甲为上衣下裳式，由上衣、下裳、前坎、护肩、护腋以及前挡、左挡等部分组成。织金缎地饰卍字纹，通身遍布镀金铜泡钉，甲边部有一道方形镀金饰物，蓝绒为缘。在护肩、护腋及袖处镶有镀金雕龙饰物，甲衣前胸后背均悬圆形护心镜。

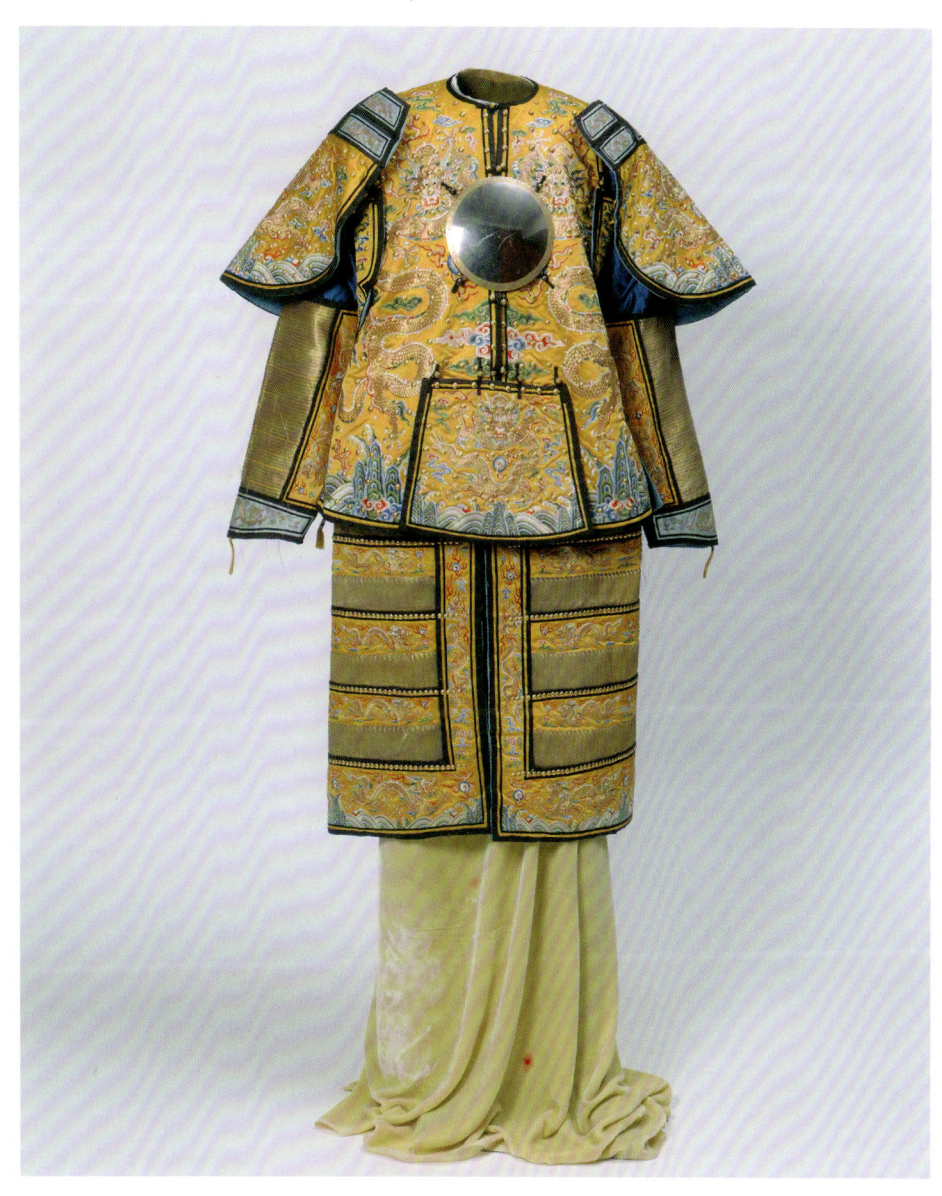

清中期　明黄缎绣金龙绵甲

上衣长：78厘米　下裳长：78厘米　文物号：故171798

此甲在明黄缎地上绣金龙、五彩火珠、如意云及海水江崖等纹样。蓝色绸为里，内絮薄绵。甲由上衣、下裳、护肩、护腋以及前挡、左挡组成，此甲袖与上衣为一整体，其他各部分穿时由铜镀金纽扣连缀而成。上衣下裳上遍布镀金铜泡钉，甲衣胸部正中悬一面圆形护心镜。

清代宫廷服饰

清中期 人字纹织金缎铁叶盔甲

盔高：32厘米 直径：22厘米
甲上衣长：78厘米 下裳长：88厘米
文物号：盔故 172047 甲故 172050

　　头盔为钢质，有前后梁、盔沿錾金龙火珠，盔面饰金梵文三重。盔顶为铜镀金镂雕龙云纹接缨管，缨顶为镂金累丝圆球上嵌火焰状饰物，四周垂貂皮缨。甲为上衣下裳式，人字纹织金缎为面，月白色丝绸为里，中敷钢片，外布金钉，用黄色缎镶缘。附有左右护肩、前后护颈、左右袖、左右护腋、前挡、左挡等，下裳纵向排列钢叶五重。甲在穿着时由纽扣将各部分连缀成一整体。随上衣附有外坎式甲一件，胸部悬圆形护心镜，护腿甲二，膝盖处有护膝钢片。

清中期 蓝缎面铁叶甲

甲上衣长：74厘米　下裳长：80厘米

文物号：故171780

甲为上衣下裳式，蓝色缎面，月白绸里。甲衣内固定长十厘米、宽七厘米的钢片，纵向层叠排列。甲面等距离排列铜镀金泡钉，下裳表面纵向缀钢片五重，每重间以铜镀金泡钉相间固定。甲包含左右护肩，左右护腋，前、左挡各一件，均内附钢片，外铆铜钉。穿着时由纽扣将各部分连缀成一整体。

（二）八旗甲胄

满族祖先是原居于白山（长白山）黑水（黑龙江）一带的女真人。女真本属游牧部落，在族群内部一直实行着一种军事管理体制，称为"牛禄"制。这种制度是将每三百户编为一牛禄，设牛禄额真一人，统领牛禄内一切事务。1601年清太祖努尔哈赤在牛禄制度的基础上，在统一后的女真各部创建了一种新的管理体制——旗制。这种旗制初为黄、白、红、蓝四旗，不久又增设镶黄、镶白、镶红、镶蓝四旗，合称为满八旗。在这八旗之中又以正黄、镶黄、正白为上三旗，其余为下五旗。到皇太极时，除满八旗外又分别建立了蒙古八旗和汉八旗。这种旗制既可"以旗统人，以旗统兵"，又可"出则备战，入则务农"。因此说，满、蒙、汉八旗是清代独创的一种军政合一、兵民一体的社会组织和武装力量。清入关后，大规模战争结束，但八旗制得以延续，为保持满族骑射传统，清代确立了定期举行大阅和行围制度。八旗兵丁的甲胄也就成了大阅、行围等活动的仪仗礼服。

清代宫廷服饰

八旗甲胄由八种颜色相区分，正黄、正白、正红、正蓝旗分别为黄、白、红、蓝四种单色，镶黄、镶白、镶蓝旗统镶红缘，镶红旗则镶白缘。八旗甲胄也由上衣下裳，护肩、护腋、前挡、左挡、头盔等组成。甲用蓝布里，内敷丝绵，甲面用各色绸，其上均匀布满鎏金铜钉。胄为牛皮制成，外罩黑漆，顶植红缨。

七、便服

　　清代宫廷服饰中的便服，即是帝后们在宫中日常生活时所着之便装。由于清代冠服制度中没有便服一项，因而，便服的形制、颜色以及纹饰等都没有具体的规定。由于没有了制度约束，在人类逐美本能的驱使下，清代宫廷便服从清早期的简约朴素不断发展丰富。到了清代晚期时，便服已经成为清代宫廷服饰中最丰富多彩和最奢华艳丽的部分。从故宫博物院收藏的清代宫廷便服来看，同治、光绪时期是清代宫廷便服最辉煌的时期。特别是这个时期的后妃便服，其款式形式之多样、色彩搭配之丰富、纹饰题材之广泛、织绣工艺之精美，都达到了清代历史上空前绝后的水平。

　　由于便服不受冠服制度的约束，清代宫廷便服则可更多地吸收一些汉族及其他文化的精髓。同时，宫廷便服也会在一定程度上对民间服饰产生一定的影响，甚至在某种程度上成为社会时尚和民间习俗的风向标。

　　清代宫廷便服包括便袍、氅衣（清代晚期流行的一种腋下带有云头装饰的妇女便袍）、衬衣、便褂（由行服演变而来的马褂）、坎肩、袄、裤、斗篷等。

　　便服用料丰富多彩，或素，或暗花，或织绣出各式五彩花纹。

　　便服中的马褂，除色彩纹饰很丰富外，衣襟处还被做成对襟、大襟、琵琶襟等多种式样。便服均没有马蹄袖，袖口或短至肘或长及腕，但都是平的。

珍妃便服照

清末着各式坎肩的妇女

按身长的不同，便服中的坎肩分为大坎肩和小坎肩两种，大坎肩长过膝，小坎肩短至腰下。坎肩又有对襟、大襟、琵琶襟之分，并且还有一种"一字襟"坎肩（因其前襟上部呈一字型而得名，也叫"军机坎"，满语为"巴图鲁"）。一字襟坎肩初为皮毛所制，穿于袍内。如乘马行走觉得热时可伸手至袍里解开坎肩上部纽扣，然后将坎肩拉下至腰部。还可再解开两旁纽扣将坎肩脱下，免去了脱穿外袍之累。后来，一字襟坎肩逐渐改穿在长袍外面，因这种坎肩上一般有十三粒纽襻，故在民间被俗称为"十三太保"。

清代晚期时，宫廷后妃便服开始流行滚镶绦边，且不分便袍、氅衣、马褂还是坎肩，均镶以宽窄不等、花色各异的数道精美绦边。其中氅衣的绦边在腋下还作成云头（如意头）式样。

便服中的斗篷是为防风御寒而披在最外面的服装，斗篷或棉或袷，其形式为上部锐窄并做成百褶，下部宽大，对襟开氅。斗篷的领子有圆领、直立领及圆形翻领几种形式。

初学清代宫廷服饰的人会感觉到，常服袍、行袍和便袍都属于"色及花纹随所御"，故一般情况下，如果仅从颜色及纹饰上去看，往往会出现三者区分不清的情况。其实，重点应放在衣服的形制上，特别是从三种袍服的袖口和衣襟处注意观察的话，便能较容易地看出三种袍服的区别。先从袖口上看，如果带马蹄袖，要么是常服袍，要么是行服袍，但绝对不是便袍，因为便袍是没有马蹄袖的。再从衣襟上看，凡衣襟完整的便是常服袍，而行服袍是"缺襟袍"，为了便于骑乘在其前襟右下必然会短一尺。

(一) 便袍

乾隆 蓝色暗花纱便袍

身长：142.50厘米　两袖通长：171厘米　袖口宽：20厘米

下摆宽：113厘米　左右开裾长：27.50厘米　文物号：故46213

这件便袍使用蓝色团龙暗花纱当面料，圆领，右衽，平袖，左右开裾，大襟缀铜鎏金錾花扣五枚，月白色素纺丝绸里。

在宫内，便袍亦称作"衫"。据皇帝《穿戴档》记载：咸丰四年闰七月十四日"办事后，至建福宫等处拈香毕，换蓝芝地扭纱衫，束铜镶珠线纽带毕，还养心殿"。为方便日常生活，便袍上没有满族服饰中特有的马蹄袖，这一特征也是便袍和常服袍的主要区别。

同治 杏黄色菊蝶纹实地纱画虎皮便袍

身长：57厘米　两袖通长：72厘米　下摆：54厘米
袖口：11厘米　左右开裾：15厘米　文物号：故49269

同治皇帝幼年时所穿夏季便服。圆领，右衽，平袖，大襟处缀圆铜扣四枚，左右开裾、直身式袍。以杏黄色菊蝶纹实地暗花纱为面料，其上手绘虎皮纹。

光绪 宝蓝缎绣平金云鹤夹便袍

身长：134厘米　两袖通长：137厘米　袖口宽：18厘米
下摆宽：84厘米　文物号：故44620

　　此袍圆立领，右衽，大襟处缀铜鎏金錾花扣五枚，无开裾，窄平袖，直身式袍。在宝蓝色缎地上满绣丹顶鹤及平金如意祥云，内衬湖色素纺丝绸里，缘饰长圆寿字织金缎边。此袍采用了清末少见的单绦边镶滚，与另一件宝蓝缎绣平金云鹤纹夹马褂一同制作，两者为套装。

（二）氅衣

道光 洋红缎彩绣牡丹蝶夹氅衣

　　身长：135厘米　两袖通长：172厘米　袖口：31厘米
　　下摆：111厘米　文物号：故43866

　　这是一件清中晚期的后妃便服。圆领，右衽，左右开裾至腋下，平袖，袖长及腕，大襟处有铜鎏金錾花扣四枚。面料采用洋红色素缎，以苏绣技法在衣身彩绣出十多种四季折枝花卉，并在胸前和背后，各绣一个由牡丹、西番莲、百合及蝴蝶组成的花卉蝶大团花。寓意富贵喜庆，百年好合。工艺上主要运用了戗针、套针和打籽等刺绣基本针法，由于所用绣线较粗又较多地采用了打籽针法，使绣纹凸起、图案饱满，装饰感较强。此件氅衣边饰采用了与主体纹饰相呼应的石青色缎绣三蓝牡丹蝶衣边，并以明黄色富贵长寿暗花绫做里。从色彩和纹饰来看，这件洋红缎彩绣牡丹蝶夹氅衣明显是喜庆之时的服装。在领口处系有墨书黄条，正面书"大红缎绣花卉夹氅衣一件"，背面写"同治二年五月十七日收沈魁交大红缎绣花卉夹氅衣一件"。

同治 明黄色葫芦双喜字织金绸绵氅衣

身长：137厘米　两袖通长：120厘米　袖口：26厘米

下摆宽：113厘米　文物号：故46522

此件氅衣圆领，右衽，左右开裾至腋下，平袖，袖长及肘，大襟缀铜鎏金錾花扣四枚。氅衣面料选用明黄色织双喜字葫芦纹织金绸，边饰选用了与主体纹饰一致的深色织金绸，以求与面料的呼应。衣里为湖色素纺丝绸，内絮薄丝绵。这件氅衣的图案为寓意着福禄万代，喜庆吉祥的缠枝葫芦、双喜字，颜色又使用了明黄色，说明这是一件皇后在喜庆之时所穿的便服。

据统计，清代宫廷便服的氅衣中，一般采用缂丝或刺绣工艺在缎、绸、纱等面料上绣纹的较多，而用织金绸当作氅衣面料的在故宫博物院仅此一件。

光绪 品月色缎绣玉兰蝶夹氅衣

　　身长：132厘米　两袖通长：120厘米

　　袖口宽：43厘米　下摆宽：120厘米　文物号：故45714

　　这件品月色缎绣玉兰蝶夹氅衣为圆领，右衽，左右开裾至腋下，短平阔袖，袖长及肘，湖色素罗为里，大襟处用铜鎏金狮子绣球纹扁圆形币式扣。此氅衣以品月色素缎为面料，其上彩绣折枝玉兰和蝴蝶，在领、袖及衣边镶有三层绦边，分别为蓝色万字织金缎边、粉色缎绣折枝玉兰蝴蝶边和织粉色地云龙纹绦边，符合晚清时期后妃便服镶多道衣边的风格。在这个时期不仅衣边与面料常呈现出不分伯仲、争奇斗艳的景象，甚至在有些服饰中衣边还会超过面料成为服饰主角。此件氅衣在纹饰中出现了龙纹，这在后妃便服上也是极少见的，若再结合这件氅衣上装点的玉兰花又正好是慈禧太后所偏好（慈禧太后乳名为"玉兰儿"），故这件品月色缎绣玉兰蝶夹氅衣很可能是慈禧所穿用的。

光绪 粉红色纱绣海棠花单氅衣

身长：133 厘米　两袖通长：131 厘米

袖口：29 厘米　下摆：114 厘米　文物号：故 44555

　　为后妃夏日所穿便服。圆领，右衽，大襟处共缀铜鎏金錾花扣四枚。左右开裾至腋下，平袖，袖长及肘。以芝麻纱（宫廷夏季服饰较常用的一种面料，因绞经组织形成类似芝麻的纱孔而得名）为面料。因纱质轻薄，对绣纹的要求也更高，从这件氅衣的绣工来看，劈丝极细，运针娴熟，绣纹平齐细薄，纹饰有织入之感。氅衣面料以及衣边的图案均为折枝海棠花，相互呼应，是清宫氅衣中的精品。

光绪 红色纱绣百蝶金双喜单氅衣

身长：132.50厘米　两袖通长：116厘米　袖口宽：33.50厘米

下摆宽：114厘米　左右开裾长：72厘米，文物号：故44574

  此件氅衣圆领，右衽，大襟缀铜鎏金錾花扣一枚，铜鎏金双喜字币式扣三枚，直身式袍，左右开裾至腋下，平袖长及肘，袖口处向外翻折（清宫氅衣的双挽平阔袖在日常穿用时呈向外折叠状，袖长及肘，但也可以拆下钉线作为舒袖穿用。在袖口内还常加饰绣工精美的可替换袖头）。在红色直径纱面料上以平金针法等距离绣出双喜字，再采用平针、缠针、戗针、套针、一丝串、打籽等多种针法，间饰出五彩百蝶。内容喜庆、构图精巧、用色鲜丽、绣工精湛。氅衣还装饰了百蝶双喜题材为主的多重衣边，并在腋下盘饰出大朵如意云头。宽襟博袖、装饰繁缛以及用色鲜丽等这些特点，都是晚清宫廷便服所体现的时代特征。此件氅衣是孝定景皇后的夏季便服。

光绪 明黄色绸绣葡萄纹夹氅衣

身长：137厘米　两袖通长：123厘米　袖口宽：28厘米
下摆宽：116厘米　文物号：故45277

此件氅衣为圆领，右衽，袍直身，平袖，袖长及肘，袖口处向外翻折。大襟缀铜鎏金錾花扣一枚，铜鎏金双喜字币式扣四枚。选取明黄色素绸为面，采用苏绣经典的平针、缠针、戗针、套针等针法，绣出寓意多子多福的折枝葡萄纹。依晚清宫廷服饰的风尚，这件氅衣在领边、袖边及衣边镶饰多道繁复装饰，从内向外依次为蓝色地织金梅兰菊绦、元青色绣葡萄纹边和宝蓝色万字曲水织金缎边。衣里采用绿色素纺丝绸。由于这件氅衣面料使用了明黄色，故应为晚清时皇后、皇太后春秋两季穿用的便服。

光绪 明黄色绸绣牡丹平金团寿字单氅衣

身长：136.50厘米　两袖通长：132厘米　袖口宽：35厘米

下摆宽：115厘米　左右开裾长：58厘米　文物号：故45925

　　后妃夏日便服。圆领，右衽，袍为直身式，大襟缀铜鎏金扣一枚，扣襻五个，左右开裾至腋下，腋下饰如意云头，平袖，袖长及肘，袖口向外翻折达四层。在明黄色素绸上采用平针、缠针、戗针、套针、打籽等针法，以白色、湖色、蓝色、浅蓝色等丝线绣制出水墨风格的折枝牡丹花，并在花枝间填以平金团寿字，富贵而不失恬淡。衣边边饰共三层，宽达二十一厘米，从里向外分别是织金三蓝舞蝶绦、元青缎绣牡丹圆寿字边、元青织金长圆寿字边。而袖口所显露边饰竟多达五层，除以上所述衣边外，另有一层湖色绸绣牡丹圆寿字边及一层元青斜万字织金边。

(三) 衬衣

同治 绿纱绣折枝梅金圆寿字衬衣

身长：132 厘米　两袖通长：133 厘米　袖口：26 厘米
下摆：110 厘米　文物号：故 44559

衬衣是清代后妃中日常穿用最频繁的便服之一，既可穿于氅衣或马褂内，也可单独穿用。此件衬衣为后妃夏日便服。圆领，大襟右衽，无开裾，平袖，袖长及肘，袖口多层叠加并镶饰多道花边。以绿色芝麻纱为地，通身彩绣折枝梅花及平金圆寿字。在衬衣的左右腋下均留有较宽无绣纹素纱地，可见此衬衣原应为氅衣衣料，其无绣素地应是留作镶饰氅衣的如意云头之用。此件衬衣镶饰多道衣边，其领、襟边为三道，袖端则多达七道，从内而外分别是明黄鹤鹿同春朵花绦、石青纳绣朵花宽边、月白色素直径纱宽边、石青绸绣折枝梅金寿边、万字曲水织金缎缘、石青缎绣莲鹤金双喜边以及镶饰素石青绸缘。袖端内侧还接有雪青缎绣朵花绸挽袖。充分体现了晚清宫廷便服崇尚繁复的装饰理念。

清 代 宫 廷 服 饰

光绪 雪青色直径纱纳绣竹子纹衬衣

  身长：131 厘米　两袖通长：132 厘米

  袖口宽：23 厘米　下摆宽：109 厘米　文物号：故 45938

  后妃夏日便服。圆领，大襟右衽，平袖，无开裾，袖长及肘。以雪青色直径纱（直径纱是一种经线一绞一的平纹组织丝织物，绞经的应用使得纱孔均匀组织稳定，常被用来制作夏季服装并易于纳绣纹饰）为面料，采用刺绣中的纳绣针法，绣出月白色及蓝色竹子纹。衬衣面料选用了慈禧时期常用的雪青色，而以这种颜色做衣服面料在此前是很少见的。此衬衣依然采用了晚清宫廷便服之上常用的在领边、衣襟及袖口处多道镶滚手法，其中袖中段的金线流苏也很独特。

光绪 品月色缎平金圆寿字菊花绵衬衣

身长：134厘米　两袖通长：130厘米　袖口宽：23厘米

下摆宽：114厘米　文物号：故46753

　　这件衬衣为圆领，右衽，领口缀铜鎏金錾花扣一枚，大襟缀铜制福、禄字币式扣共五枚，双层折叠阔平袖，直身式袍，无开裾，袖长及肘。在品月色素缎上以平金银技法绣出九个品种姿色各异的菊花，并间饰平金圆寿字，寓意着"久居长寿"。此衬衣采用粉色素纺丝绸里，内絮薄绵，应为冬季所穿。由于慈禧太后对菊花、兰花等花卉的偏好，用这些花卉来装饰后妃的便服也逐渐成为清末宫廷的时尚。

光绪 品月色缂丝凤凰梅花皮衬衣

身长：134厘米　两袖通长：127厘米

袖口宽：24厘米　下摆宽：106厘米　文物号：故49557

此件衬衣圆领，右衽，大襟处缀铜鎏金錾团寿字扣一枚，银质龙纹币式扣五枚，平袖，无开裾，直身式袍。衬衣以缂丝技法通身织出一只五彩凤凰，并在凤凰的周围间饰着散落的梅花。领、袖处镶饰有三道衣边，图案分别为花卉蝴蝶、长圆寿字梅花及金寿字梅花。此衬衣构图新颖时尚、色彩鲜艳华丽，衬衣的所有边饰与主体纹饰为一次缂织而呈现在一块面料上。衬衣以灰鼠皮镶嵌银鼠皮为里，是宫里冬季时后妃所穿便服。

清代晚期宫廷便服虽然纹饰题材广泛，装饰手法多样，但纹样的分布形式多是对称布局或是循环布局。而这件衬衣一改传统的装饰风格，在衬衣前襟及后身，仅各装饰一只展翅飞翔的大凤凰，这种纹样布局形式在清代晚期的宫廷服饰中非常少见。

光绪 明黄色缎绣玉兰蝴蝶夹衬衣

身长：140厘米　两袖通长：132厘米　袖口宽：25厘米
下摆宽：138厘米　领高：6厘米　胸围：74厘米　文物号：故45723

此衬衣圆立领，右衽，大襟处共缀铜鎏金五蝠捧寿纹扣五枚，平袖，窄直身式袍。在明黄色素缎面上，通身以传统的平针、缠针、套针、戗针绣玉兰花（此前曾定名栀子花）和彩蝶。绣纹按衣服中线对称排列，图案灵动活泼、设色鲜丽明快。在衣、袖边从内向外装饰有白地粉色海棠纹绦边、宝蓝缎地绣玉兰蝴蝶纹边和元青万字曲水织金缎边。另外，在掩襟内缝有两个方便放置随身物件的小袋子。

从清中期开始，后妃便服的风格发生了两次较为明显的变化，第一次变化出现在清中期以后，汉族服饰的宽衣博袖一度得到推崇，并在道光时期达到了极致。另一次变化则出现在清代晚期，受包括西洋服饰文化在内的西方文化思想的影响，在这一时期的宫廷后妃便服上开始出现束身、窄袖等展示女性优美身材曲线的趋势。最终这种东西方文化的不断交融促成了民国初年旗袍的出现。

（四）便褂（马褂）

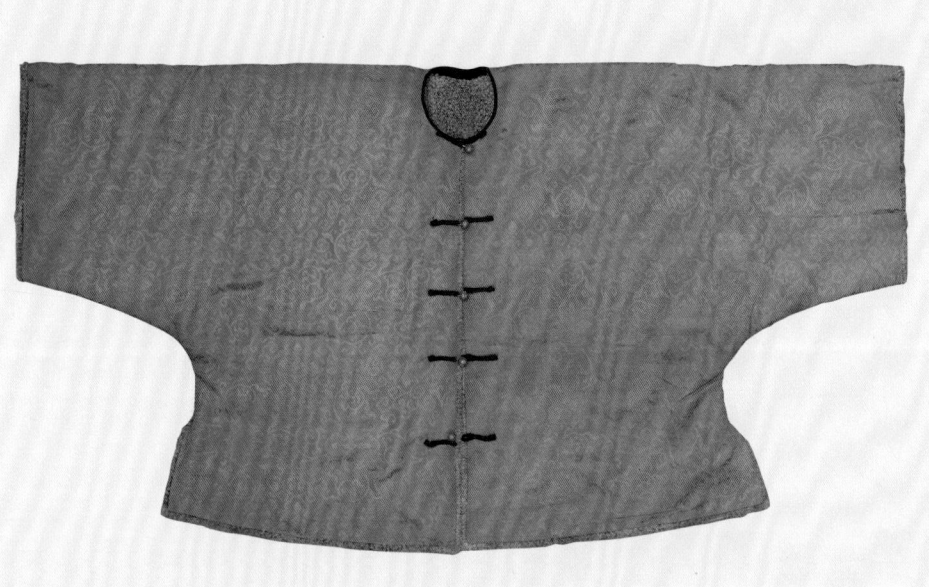

嘉庆 明黄色葫芦花暗花春绸草上霜皮马褂

身长：63厘米　两袖通长：120厘米　袖口宽：29厘米
下摆宽：80厘米　左右开裾长：13厘米　后开裾长：14厘米　文物号：故50316

马褂男女皆可穿，按衣襟形式分的话马褂有对襟、大襟、琵琶襟等多种。马褂男女款的区分主要以看纹饰题材内容、选用色彩及尺寸大小等来综合判断。此为皇帝马褂，冬季罩于便袍外面。圆领，对襟，襟处缀铜鎏金錾花扣五枚，平袖，袖长及肘，左右及后开裾。面料为明黄色织葫芦花四合如意祥云暗花春绸，寓意"福禄如意"。马褂里挂有经特别加工而成的，因洁白、柔软、轻薄而被称为"草上霜"的羊羔皮。

嘉庆 明黄绸里熏貂皮双喜字皮马褂

身长：68厘米　两袖通长：144厘米
袖口宽：32厘米　下摆宽：80厘米　文物号：故44967

此马褂为圆领，平袖，对襟，襟处缀铜鎏金錾花扣五枚。以熏貂皮为面，通身在熏貂皮面上镶嵌双喜字四十六个，其做法是先在熏貂皮上镂空雕出双喜字轮廓，再用银鼠皮嵌入而成。拼皮工艺在皮作行里属于要求较高的手艺活，非一般工匠能胜任，如果是拼镶图案或文字则更难。要使拼皮达到皮板平整、皮毛顺滑、图案（字体）工整、边缘清晰和状若天成，则绝非易事！此褂以明黄色团龙暗花江绸为里，在襟、摆及袖端另镶貂皮出锋，出锋皮板宽不足两毫米，锋毛长约一厘米。

清晚期 蓝色团八宝暗花漳绒夹马褂

身长：76厘米　两袖通长：166厘米　袖口：38厘米

下摆宽：88厘米　文物号：故48501

　　此马褂为圆立领，领内侧镶灰鼠皮出锋，领子可拆装，右衽，平袖，四开裾，大襟缀铜鎏金錾花扣一枚，錾鹭鸟纹币式扣四枚。采用蓝色雕花漳绒为面料，主题花纹为团八宝，团花正中为盘长、伞、盖、鱼、法轮、莲花、宝瓶、法螺等环绕。衣、袖边饰为冰裂纹及梅花、菊花纹。可以看出这件马褂面料的主体花纹和边饰，是按照穿用者的身材一次同时设计并加工完成的，只在漳绒面料和月白色绸里衔接处镶素青缎窄缘，省去了加饰衣边、袖边的工序。

　　作为起绒织物的一种，漳绒显花的手法是：在素漳绒料上，按花纹图案所需，将花纹部分的绒圈割断而使之成为绒毛状。由于割绒后的绒毛部分会比未割绒的绒圈部分吸收更多的光线，两者之间会呈现强烈的明暗对比，花纹也就因此显露出来了。

光绪 宝蓝缎绣平金云鹤夹马褂

身长：66厘米　领高：7厘米　两袖通长：132厘米　袖口宽：21厘米
下摆宽：73厘米　左右开裾长：12厘米　后开裾长：17厘米　文物号：故48269

此件马褂与宝蓝缎绣平金云鹤夹便袍（文物号：故44620）是一套。圆立领，琵琶襟，左右及后开裾。内衬湖色素纺丝绸里，絮薄绵，襟处缀盘扣及光素铜扣各一枚，铜镀金龙纹币式扣四枚，在宝蓝色缎地上满绣丹顶鹤及平金如意祥云，缘饰长圆寿字织金缎边。

光绪 果绿色暗花缎皮马褂

身长：74.50 厘米　两袖通长：124 厘米　袖口宽：30 厘米

下摆宽：92 厘米　领高：4 厘米左右　开裾长：12 厘米

后开裾长：18 厘米　文物号：故 49938

　　此马褂为立领，右衽，琵琶襟，襟处缀铜鎏金錾花扣一枚。铜鎏金龙纹币式扣五枚，平袖，三开裾。面料采用果绿色牡丹纹暗花缎，立领口饰出锋，领、袖边自内向外镶饰捻金线樗蒲纹蕾丝花边、元青色梅花长寿织金缎边、青白胈镶福寿字貂皮边共三道。雪青色素纺丝绸做里，后背镶羊皮。

光绪 蓝色缎缉米珠绣栀子天竹花夹马褂

身长：62厘米　两袖通长：136厘米　袖口宽：20厘米
下摆宽：70厘米　左右及后开裾长：17厘米　文物号：故44759

　　晚清后妃便服。圆立领，琵琶襟，缀青缎盘花扣六枚，平袖，左右及后开裾。在蓝色缎地之上用传统苏绣技法绣折枝栀子花及天竹花。花梗、花叶用丝线绣出，花朵则采用缉米珠手法，以珊瑚珠和珍珠做点缀。通身衣、袖边镶元青色长圆寿字织金缎缘，湖色素纺绸做里。

清 代 宫 廷 服 饰

光绪 品月色缎绣绣球花夹马褂

身长：74厘米　两袖通长：122厘米　袖口宽：34.30厘米
下摆宽：96厘米　左右开裾长：9厘米　后开裾长：22厘米　文物号：故44762

　　这是一件女款马褂。圆领，对襟，缀铜鎏金錾花扣一枚，白玉镂雕竹叶扣四枚，平阔袖，左右及后开裾。此马褂在品月色素缎上，用平针、套针、缠针、戗针等苏绣传统技法绣制出大朵的折枝绣球花。内衬采用品月色素纺丝绸里，袖口内饰湖色缎绣绣球花挽袖。边饰从内向外选用了宝蓝色如意绦、元青缎绣折枝绣球花边和元青万字曲水织金缎边。在对襟及左、右、后开裾处均盘出如意云头，领口处还用元青万字曲水织金缎边盘饰出假翻领。

光绪 石青缎绣瓜瓞绵绵夹马褂

身长：74厘米　两袖通长：134厘米

下摆宽：95厘米　文物号：故44761

由瓜和蝴蝶构成的图案取谐音"瓜瓞绵绵"，古人常用此来祝颂人丁兴旺、子孙昌盛，故此类图案多见于后妃便服。此马褂圆领，对襟，平袖，袖长及肘，左、右、后开裾，对襟处缀铜鎏金圆扣一枚，币式扣四枚。面料采用石青色素缎，其上左右对称彩绣出寓意子孙昌盛的瓜、蝶纹，构成经典的"瓜瓞绵绵"吉祥语图案。精心的配色和精良的绣工使得此件马褂色彩素雅端庄，瓜、蝶栩栩如生。马褂周身从里向外分别装饰有五彩曲水绦边、元青色四君子织金缎边及月白色斜万字织金缎边等，在领口处还装饰出外翻假领。马褂衬里采用了柔软轻薄的米色素纺丝绸。

清 代 宫 廷 服 饰

光绪 绛色缂金银水仙花夹马褂

身长：74厘米　两袖通长：134厘米　袖口宽：35厘米

下摆宽：95厘米　文物号：故44781

　　此褂为圆领，对襟，衣襟缀铜鎏金錾花圆扣一枚，铜鎏金币式扣四枚，左右及后开裾，平袖，袖长及肘。马褂面料为缂丝，用金银线缂织出多束水仙花。边饰除采用了金地百蝶绦、宝蓝万字曲水织金缎边以外，还采用了元青地缂金银水仙衣边，与面料图案相互呼应。同时，还用衣边在衣襟、开裾处及领口盘饰出如意云头和假翻领。由于缂丝工艺费工费时，向有一寸缂丝一寸金之说，因此，尽管在极尽奢华的清代宫廷服饰里面，用缂丝作为服饰面料的为数也并不多。清中期以前，缂丝等衣服面料多是按照穿用者身材尺寸，预先确定衣服形式和图案花纹再开始织造，然后只需按衣形裁剪缝制即可。晚清时期使用缂丝匹料制作渐多。

清晚期 明黄绸绣绣球花绵马褂

身长：73.50厘米　两袖通长：122厘米　袖口宽：35.50厘米　下摆宽：94厘米
左右开裾长：7.50厘米　后开裾长：19.50厘米　文物号：故48174

　　此马褂为圆领，对襟，平袖，左右及后开裾，对襟处缀铜鎏金錾花圆扣一枚、铜鎏金币式婴孩扣四枚。在明黄色暗花春绸地上，运用平针、套针、滚针、钉线等苏绣技法，彩绣出大朵的折枝绣球花。在领、袖边饰雪青色兰花绦边及石青色曲水织金缎边等四条，以宝蓝色素纺丝绸里做内衬。此马褂面料采用明黄色证明其应为清代皇后所穿。

清晚期 绛紫色绸绣桃花团寿镶貂皮夹马褂

身长：62厘米　两袖通长：140厘米　袖口宽：21厘米　下摆宽：74厘米
左右开裾长：12厘米　后开裾长：17.50厘米　文物号：故48177

此褂采取圆立领，领口镶貂皮出锋，对襟，衣襟处缀盘花扣一枚，铜福字币式扣四枚，平袖，左右及后开裾，湖色素纺丝绸里。以绛色素缎为面，其上以苏绣的平针、套针、戗针等针法，彩绣折枝桃花及团寿字，折枝桃花还以金线钩边。领、袖边均用貂皮镶饰，胸前则用貂皮拼饰出团寿字及如意云纹，在貂皮缘处衬以元青寿字织金缎边。此褂是宫廷后妃冬季所穿便服。

清晚期 草绿色绸绣牡丹圆寿字夹马褂

　　身长：75厘米　两袖通长：128厘米　袖口宽：36厘米　下摆宽：94厘米
　　左右开裾长：11.50厘米　后开裾长：19.50厘米　文物号：故48179

　　此褂圆领，平袖，左右及后开裾，对襟，衣襟缀铜鎏金錾花圆扣一枚，铜鎏金寿字币式扣四枚，内衬淡粉色素绸里。以草绿色江绸为面料，采取多色及间、退晕的装饰方法，运用平针、套针、打籽等刺绣技法，绣出折枝牡丹及圆寿字纹样。特别是牡丹花的绣制，借鉴了传统水墨画的表现形式，采取了同色过渡的手法，用不同色差的蓝色丝线表现出花朵及枝叶的明暗层次，清新典雅、别具一格。在衣边及袖边分别饰有明黄色织蓝云龙绦边、石青缎绣牡丹圆寿字边及品月色曲水织金缎边。

（五）坎肩

同治 石青色绸绣平金百蝶大襟夹褂襕

身长：138厘米　肩宽：36厘米　下摆宽：73厘米

左右开裾长：80厘米　文物号：故43978

褂襕又称为大坎肩，后妃们在春秋季节着便服时可将其罩在衬衣外面。此褂襕圆领，右衽，无袖直身式，身长及踝，左右开裾，大襟处缀铜鎏金錾花扣四枚，内衬用粉色四合如意缠枝花卉暗花绫里。领口系墨书黄纸签两个，其一书："石青绸绣百蝶夹褂襕一件，同治二年五月十七日收，沈魁交"，另一书："石青绸绣百蝶夹褂襕一件"。面料采用元青色素斜纹绸，以苏绣中的平金技法绣纷飞百蝶纹。边饰由内而外分别为白地长寿字蝴蝶纹绦，香色小朵花绦及元青绸绣五彩百蝶边。这件大坎肩从形式、颜色和纹饰上看，应是清末宫内年纪较长的后妃所穿。

同治 酱色缎钉绫加绣花蝶夹紧身

身长：72厘米　肩宽：35厘米　下摆宽：64厘米
左右开裾长：15厘米　后开裾长：20厘米　文物号：故44687

后妃便服之中的紧身又称小坎肩。此件紧身圆领，对襟，无袖，身长过腰，左右及后开裾，襟处缀铜鎏金錾花圆扣一枚，铜鎏金币式扣四枚，衬里用明黄色绸。此紧身在酱色暗花缎上，以钉绫与刺绣相结合的方式装饰出折枝梨花和彩蝶纹样。先用白绫钉缀出梨花萼片和用深浅不同的绿色绫钉缀出枝叶，再用丝线以打籽等针法绣花蕊并以接针和钉线绣法表现叶脉，手法新颖、独具匠心。领口系有黄纸签，其上墨书："酱色绸花卉夹紧身一件，同治二年五月十七日收，沈魁交"。

同治 石青色缎绣牡丹蝶夹紧身

　　身长：67厘米　肩宽：35.50厘米　下摆宽：71厘米

　　左右开裾长：14.50厘米　后开裾长：15.50厘米　文物号：故44690

　　此紧身圆领，右衽，琵琶襟，无袖，身长过腰，左右及后开裾，襟处缀铜鎏金錾花扣五枚。采用石青色素缎为面，其上彩绣牡丹蝴蝶纹，镶饰多重繁复的边饰，自内向外分别是香色朵花绦、白色缠枝花卉绦、元青缎三蓝绣兰花边和元青素缎边。明黄色四季花卉暗花绫做里，在领口处系有黄纸签，其上墨书"石青缎绣花卉夹紧身一件，同治二年五月十七日收，沈魁交"。

光绪 茶青色缎绣牡丹夹紧身

身长：75厘米　肩宽：35厘米　下摆宽：83厘米　左右开裾长：9厘米

后开裾长：21厘米　文物号：故44682

此紧身为圆领，对襟，身长过腰，无袖。左右及后开裾，领口缀铜镀金錾花扣一枚，衣襟缀白玉镂雕四合如意扣四枚，衬湖色素纺丝绸里。面料采用茶青色素缎，用传统苏绣中的平针、套针、戗针等技法绣出一簇簇牡丹花。针法洗练，用色淡雅，构图完美，线条流畅。在这件紧身的衣边处，由内而外分别饰以湖色缠枝石榴绦、元青缎绣牡丹圆寿字边、月白色万字曲水织金缎边，并在左、右、后开裾处和前襟下幅盘饰出如意云头。从这件紧身可以明显看出，多重繁复的边饰占据了整个服饰的绝大部分面积，使本来作为服饰主体的面料反而所剩无几。晚清时以繁缛华丽边饰为时尚的风格，在这件紧身上表现得淋漓尽致。

光绪 品月缎绣百蝶团寿字夹褂襕

身长：139厘米　下摆：117厘米　文物号：故44500

此褂襕圆领，无袖，身长至踝，对襟，衣襟缀铜鎏金扣五枚，左右开裾至腋下，雪青色素纺丝绸做里。面料采用品月色素缎，彩绣出缤纷百蝶，其间饰平金绣圆寿字。衣边由内而外装饰元青织金冰梅纹绦、元青缎绣百蝶圆寿字边、万字曲水织金缎边。衣边在领口处盘假领并在对襟及腋下盘出如意云头，在左右腋下云头处各装有两条飘带。

光绪　绛红色漳绒三多纹夹紧身

身长：71厘米　肩宽：40厘米　下摆宽：80厘米　文物号：故48092

此件紧身形式为立领，右衽，琵琶襟，身长过腰，领口缀盘扣一枚、铜镀金錾花扣一枚，襟处缀机制"顺隆号"铜鎏金圆"贵"字扣五枚，衬里采用蓝色素缎。紧身以绛红色漳绒为面料，其上织出象征多子、多福、多寿的三多图案。间饰为蝙蝠和圆寿字，胸前、背后及腋下织如意云头纹并填饰万字和飘带，寓意吉祥如意和福寿万代。

清晚期 月白色暗八仙万字牡丹织金缎夹紧身

身长：65厘米　肩宽：40厘米　下摆宽：76厘米　文物号：故47958

清代皇帝便服，形式为圆立领，无袖，一字襟。领口缀盘花扣两枚，缀铜鎏金五蝠捧寿币式扣十三枚，雪青色素纺丝绸里。此件坎肩面料主体的暗八仙、万字、牡丹图案以及边饰的万代福寿图案，均为整体设计，一步织造而成。面料提花工整清晰。

所谓"一字襟"（也称"一字坎"）是指坎肩的前襟在领子以下呈一字状的横襟。在襟处缀有七扣，腋下左右分别各缀三扣，共计十三枚扣，俗称为"十三太保"。由于此类坎肩前、后身分成两片，故只要解开扣子，坎肩即便穿在里面也很方便脱下。由于最初军机大臣入值时常穿用这种坎肩，故又被称为"军机坎"（满语称其为"巴图鲁"，是英雄、勇士之意）。据《清稗类钞》载："京师盛行巴图鲁坎肩，南方称为一字襟马甲，衬于袍套之中。觉暖，即自探手，解上排纽扣，而令仆代解两旁纽扣，曳之而出，藉免更换之劳。"

清晚期 品月色万代团寿梅花织金缎紧身

身长：71厘米　肩宽：40厘米　下摆：89厘米　文物号：故47977

圆立领，右衽，无袖，左右开裾，大襟处共缀铜镀金錾花扣六枚，雪青色素纺绸为里。此件紧身面料采用深品月色织金缎，其上所织为万代团寿以及梅花竹子纹。袖口及衣边不做装饰，却在领缘、大襟处镶饰了包括缠枝花卉、福寿如意等多达六道的边饰，独具一格、新颖别致。

宣统 湖色缎绣孔雀开屏人字襟紧身

身长：49厘米　肩宽：33厘米　下摆宽：46厘米　文物号：故225432

清代晚期坎肩衣襟变化多样，此件紧身即为人字襟。所谓人字襟是指坎肩的前襟为独立的一片，是靠纽襻分别与坎肩的肩部及后片相连，前胸衣襟左右贯通呈人字状，故称"人字襟"。此件紧身为圆立领，无袖，身长过腰，下摆为弧形，倭角。领口缀盘扣两枚，人字襟处缀盘扣六枚，左右下摆各缀盘扣三枚。此件坎肩面料为湖色素缎，前后各彩绣凤凰一羽，上缀亮片（在服饰上钉缀亮片的做法出现在晚清，由于其首先源于广东地区，又被称作"广片"）。在故宫博物院收藏的清代宫廷服饰女款坎肩中，这件人字襟坎肩尺寸最小，是名副其实的"紧身"。此件人字襟紧身，是清末宫廷女装经典之作。

（六）裤

顺治 明黄色云龙妆花缎夹裤

裤长：133厘米　腰宽：43.70厘米　裤腿宽：30厘米　文物号：故41677

为清世祖顺治皇帝所御用。斜裆，高腰，平裤口。裤子面料采用明黄色云龙妆花缎，以圆金线织侧面团行龙，横向交错排列，龙头朝向一行向左，一行向右，间饰火珠、如意云。裤腰及裤口处均接以蓝色云龙妆花纱，在裤腰处还钉有上下两层共四根裤腰带。

同治 杏黄色菊蝶纹实地纱画虎皮小夹套裤

裤长：28厘米　裤脚宽：10.50厘米　文物号：故49272

　　同治皇帝幼时日常便服。两条裤腿分开，无腰，无裆，裤口平齐，裤腿有开裾。套裤上端缀环状带和直带各一条，以便穿着时系于腰带之上。面料采用杏黄色菊蝶纹实地暗花纱，其上手绘虎皮纹，品月色暗花纱做衬里。

光绪 明黄色绸绣兰荷蝶单套裤

长：75厘米　宽：23—33厘米　开裾长：15厘米　文物号：故48871

　　套裤穿脱方便，夏季时穿用较多。此套裤在裤腿有开裾，面料采用明黄色四合如意暗花绸，其上彩绣荷花、墩兰及蝴蝶，在裤腿下部还加绣一道缠枝花卉带饰，近裤腿口绣福寿万代、万代如意纹。裤口边镶饰品月色素缎。套裤上部缝有月白色吊带，裤口有品月色绑腿。

清代宫廷服饰

清晚期 藕荷色大洋花妆花缎夹缅裆裤

身长：117厘米　腰宽：63厘米　腿口宽：27厘米　文物号：故48827

　　这件裤子为直筒宽腰缅裆式。此裤款式宽大，穿时腰部要系腰带，裤脚要打绑腿。这种缅裆裤穿着舒适，故后妃们常在日常穿用。此裤面料选用了藕荷色大洋花（清末服饰上出现的"大洋花"，并不是指存在于现实当中的任何一种花卉，它所指的是一种受域外文化影响，非写实的，并以独特装饰效果为宗旨的花卉设计风格。"大洋花"一般都具有线条流畅，姿态婀娜的特点）妆花缎，为防滑脱，在腰部接本色棉布裤腰。

（七）斗篷

康熙 沉香色织海棠葡萄纹暗花绸斗篷

身长：140厘米　文物号：故42335

　　斗篷是中国传统服饰中冬季服装的一种，一般在寒冷季节外出时披在身上。在清代，斗篷也是宫廷便服的一种，皇帝在冬日出行时，常常会披上斗篷。此件斗篷分内外两层，内层实际为一个平袖对襟齐腰小棉袄，外层才是斗篷。内外两层在领口和棉袄后摆等处连缀在一起。斗篷为圆领，对襟，后开裾，长及膝下，从领口处做襞积，上窄下宽，下摆宽大。此件斗篷的面料采用海棠葡萄纹暗花春绸，纹饰寓意为子孙满堂。斗篷絮有薄绵，里子为月白色绸。因这件斗篷与棉袄相连，只要将棉袄穿上，斗篷便自然披于肩上，棉袄贴身更加保暖，斗篷也不易滑落。

八、官员服饰

清代的官制在王公以下继续实行品官制,文武官员依旧各分为九品。清代官员服饰是清代冠服制度中的一个重要组成部分,在《钦定大清会典图》中,对于官员的礼服、吉服均有相应的规定。

(一) 官员礼服

官员礼服中的朝服有三种样式,其中冬朝服有两种样式,夏朝服有一种样式。

冬朝服一式:蓝及石青诸色随其所用,披领及裳表以紫貂、袖端用熏貂。两肩前后绣正蟒各一,襞积处行蟒四,皆四爪,民公(注:清代依然施行王、公、侯、伯、子、男的爵位制度。)曾赐五爪蟒缎者亦得用之。自侯、伯以下至文、武四品,有职掌大臣、辅国将军、县主、额驸、男以及一等侍卫同。

冬朝服二式:披领及袖片金加海龙缘,腰帷行蟒四,中有襞积,裳行蟒八,披领行蟒二,袖端正蟒各一,下幅八宝平水。民公、侯、伯以下至文、武四品,奉恩将军等均同。

夏朝服:蓝及石青诸色随其所用,片金缘,余制如冬朝服二。

官员朝服中自文、武五品至文、武七品用石青色云缎,前后行蟒方襕各一。文、武八品至文、武九品用石青云缎，前后无方襕及行蟒。

官员端罩：民公、侯、伯下至文三品、武二品，辅国将军等用貂皮、蓝缎为里。一等侍卫用猞猁狲皮，间镶以豹皮，月白缎里，二等侍卫用红豹皮，素红缎里，三等侍卫用黄狐皮，月白缎里，蓝翎侍卫同。

清早期 石青色云蟒纹妆花纱单朝袍

身长：133 厘米　两袖通长：211 厘米
下摆宽：141 厘米　披领：86x33 厘米

这是一件清代民公及侯、伯直至文武四品以上官员所穿的朝袍。上衣下裳式，圆领，右衽，马蹄袖附披领。下裳为襞积式，左开裾。上衣以妆花技法织出柿蒂形四爪过肩蟒纹，腰帷、下摆、袖端分别饰有正蟒、行蟒、云蝠及海水江崖纹。

清晚期 石青四合如意云纹暗花缎平金蟒纹夹朝服

身长：130厘米　两袖通长：214厘米
下摆宽：114厘米　文物号：故44298

此朝袍是文武五品至文武七品官员以及三等侍卫、蓝翎侍卫服用。为上衣下裳连属，圆领，右衽，马蹄袖。以石青色四合如意云纹暗花缎为面，蓝布为里。在袖、襟及下摆处，分别以石青色缠枝莲织金缎及姜黄色剪绒镶饰窄、宽边各一道。在前胸后背绣平金四爪行蟒纹方襕各一。

(二) 官员补服

清代官员补服皆石青色。因为在其前胸及后背缀有补子而得名。又因为清代官员补服都是对襟，故也被称为补褂。

官员补服属于清代宫廷服饰中礼服系列，但为明君臣尊卑，此系列中凡皇帝、皇子所穿均不叫补服，如皇帝穿的叫衮服，皇子穿的称龙褂（衮服绣五爪正面金龙四团，两肩前后各一，其章左日右月。皇子龙褂只少日、月章文，余下皆同于衮服），从亲王以下至文、武九品官员所穿才称为补服。亲王、郡王、贝勒、贝子补服虽纹样不同但仍均为圆补。其中亲王补服的四团龙前后为正龙，两肩为行龙。郡王补服两肩前后均为行龙。贝勒补服，四爪正蟒两团，前后各一。贝子补服，行蟒二团，前后各一。

自镇国公以下开始，补服上补子的形式由圆补改成方补。其绣文分别为镇国公、辅国公、和硕额驸、民公、侯、伯等补服均绣五爪正蟒二方，前后各一。

自文、武一品开始至文、武九品官员的补子，则分别用不同的飞禽和猛兽图案来区分。

文一品，仙鹤　武一品，麒麟
文二品，锦鸡　武二品，狮
文三品，孔雀　武三品，豹
文四品，云雁　武四品，虎
文五品，白鹇　武五品，熊
文六品，鹭鸶　武六品，彪
文七品，鸂鶒　武七品，犀

文一品仙鹤补子

文二品锦鸡补子

文三品孔雀补子

文四品云雁补子

武一品麒麟补子

武四品虎补子

都御史獬豸补子

文八品，鹌鹑　武八品，犀（同七品）

文九品，练雀　武九品，海马

凡都御史、副都御史、给事中、监察御史、按察使各等的补服都绣獬豸。

凡耕农官绣彩云捧日，神乐署文舞生袍用方襕，绣金葵花，和声署乐生绣黄鹂。

品官着补服源于明代，洪武二十四年（1391）规定王公品官公服要缀补子，并对文、武九品官员补子绣文做出了严格规定。文官用禽鸟，即一品仙鹤，二品锦鸡，三品孔雀，四品云雁，五品白鹇，六品鹭鸶，七品鸂鶒，八品黄鹂，九品鹌鹑，杂职为练鹊。武官为猛兽，一、二品狮子，三、四品虎豹，五品熊罴，六、七品彪，八品犀牛，九品海马。可以看出，清代补服大体上继承明代补服制度，特别是文官补子基本与明代相同。在这里特别需要留意的是，由于明代补子是缀于大襟的袍服上的，故前后两块补子均是完整的。而清代补子由于是缀于对襟的褂服上的，故前胸的那块补子实为左右分开的两片。

文一品补子：鹤

文二品补子：锦鸡

文三品补子：孔雀

文四品补子：雁

文五品补子：白鹇

文六品补子：鹭鸶

文七品补子：䴔䴖

文八品补子：鹌鹑

文九品补子：练雀

清文官补子图案

武一品补子：麒麟

武二品补子：狮

武三品补子：豹

武四品补子：虎

武五品补子：熊

武六品补子：彪

武七品、八品补子：犀

武九品补子：海马

清武官补子图案

清晚期 石青地缂金云鹤纹一品文官补服

身长：117厘米　两袖通长：166厘米
下摆宽：106厘米　文物号：故43460

此补服圆领，对襟，襟处缀纽扣五枚，平袖，左右开裾。石青色实地纱为面，月白色暗花绫做里。在补服前胸后背以三色圆金线缂织出云、鹤及海水江崖方补，方补外饰回文边。捻金极细，缂工极佳。补子图案为仙鹤证明是一品文官所穿。

清晚期 元青色团寿字暗花绸绣鹭鸶六品文官补服

身长：122厘米　两袖通长：170厘米
下摆宽：102厘米　文物号：故44478

此补服圆领，对襟，襟处缀纽扣五枚，平袖，左右及后开裾。元青色团寿字暗花绸为面，在前胸后背分别缀一方补。方补以元青素纱为地，采用纳绣中的正、斜一丝串等针法绣出鹭鸶及红日纹饰。从方补所绣图案可知，此褂为六品文官之补服。

(三) 官员吉服

与帝后吉服中龙袍相对应的是官员蟒袍。文武一品至三品、奉国将军、郡君额驸、一等侍卫之蟒袍与贝勒蟒袍制同，蓝及石青诸色随所用，片金缘，通绣九蟒，四爪。贝勒以下民公以上曾赐五爪蟒缎者亦得用之。

文武四品以下至六品以上蟒袍，蓝及石青诸色随所用，片金缘通绣八蟒，四爪。奉恩将军、县君额驸、二等侍卫、蓝翎侍卫蟒袍制同。

文武七品以下，至未入流官员蟒袍，蓝及石青诸色随所用，片金缘，通绣五蟒，四爪。

贝勒、贝子夫人下至三品命妇，奉国将军淑人蟒褂，石青诸色随所用，九蟒，四爪。

五、六品命妇，奉恩将军恭人，石青诸色随所用，绣八蟒，四爪。

七品命妇，石青诸色随所用，绣五蟒，四爪。

镇国公夫人以下至七品命妇吉服褂石青色、绣八团花。

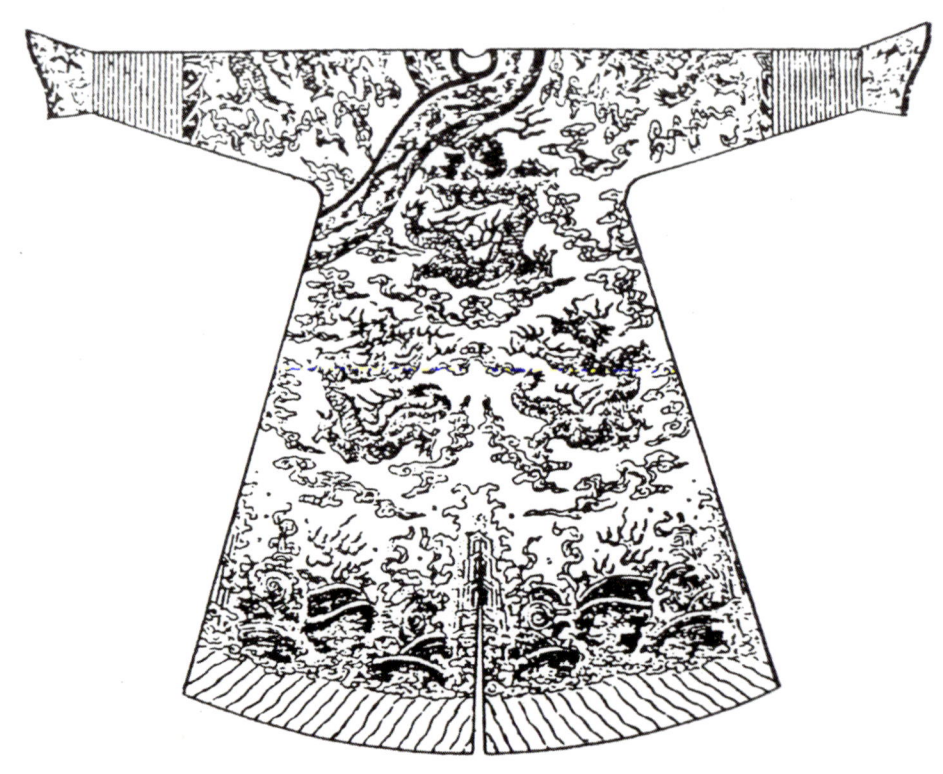

文、武四至六品官员蟒袍

清早期 石青色妆花缎蟒褂

身长：142厘米　两袖通长：181厘米　下摆宽：137厘米

此褂为圆领、平袖、对襟。褂采用石青色缠枝莲纹暗花缎为面，其上以妆花技法彩织四爪金蟒九条，其中前身行蟒四，两肩正蟒各一，后身正蟒一行蟒二。间以五色云，下摆处饰以平水杂宝及松石楼阁等。

九、宗教服饰

　　清代宫廷生活对于大多数人而言总是充满着新奇神秘的色彩。而在清宫里，还有一个更加鲜为人知、神秘莫测的多种宗教文化形态并存的神佛世界。

　　满族祖先信仰萨满教，而萨满的基本职责是履行侍神义务、传播本族的宗教文化，在其所举行的各种祭祀活动之中，尤以祭天为重要职责之一。萨满教主张万物有灵，萨满则是人与灵沟通的使者。

　　起源于我国的道教在清代宫廷也得到重视，紫禁城内玄穹宝殿、钦安殿等都是宫内的皇家道场。坐落在皇城内的大高玄殿更一直是清代重要的皇家道观，清代皇帝每逢初一日、十五日照例都要出紫禁城到大高玄殿拈香行礼。

　　藏传佛教（也称"黄教"）是我国佛教中一个重要体系，藏传佛教历史悠久，流传地域广大，除青藏高原外，在北方一些地区也都有流传。从元代开始，藏传佛教逐渐传入内地，后得到元明清三代朝廷的尊重与扶植，迅速发展，其在宫廷中的影响也逐渐扩大。刚刚建立全国政权的清王朝把"兴黄安蒙"作为一项治理边疆的重要政策，于是积极扶持藏传佛教，以借助其影响力更有效地治理信仰藏传佛教的蒙、藏等地区，事实证明这是一项十分成功的治国策略。清初时，藏传佛教在清朝宫廷内的影响还是相对有限的。直到康熙三十六年（1697），宫廷内才设立了专门管理宫廷藏传佛教事务的机构中正殿念经处，主管宫廷喇嘛念经及办造佛像。乾隆时期又设立了雍和宫管理大臣一职，专司雍和宫佛教活动。宫廷佛事活动的制度化，一方面表明了藏传佛教在清代宫廷中的影响逐渐加大，另一方面也说明清代皇室在宗教信仰上发生了变化，因为此时满族传统而原始的萨满教已无法满足清代皇室的宗教需求了。

清代宫廷中藏传佛教影响不断扩大表现在以下诸方面：

其一，在紫禁城中修建了包括最著名的雨花阁在内的众多的藏传佛教殿堂。在北京、承德的一些皇家御苑中也都是梵刹林立。

其二，每天都有众多喇嘛在宫廷中念经作佛事，帝后则经常到佛堂拈香拜佛、聆听喇嘛诵经。有时帝后还直接参加一些宫内举行的佛教法事活动。

慈禧太后扮观音照

其三，在宫廷内的佛殿中供奉大量的藏传佛教法物，包括佛像、唐卡、佛塔、佛经、祭法器等。由此，在紫禁城中形成了一个神秘的佛教世界。

不少清代皇帝都对佛教情有独钟，康熙皇帝在位六十一年，其中有三十年都在不断地抄写《心经》；雍正皇帝曾自号为破尘居士；乾隆皇帝则将自己比作文殊菩萨；就连慈禧太后也自认为是观世音菩萨转世。故宫博物院保留至今的清宫宗教服饰，大部分都是专门为宫廷制作的，因而也是我国宗教服饰中最华贵和最精美的部分。

清 代 宫 廷 服 饰

清早期 绛色云龙暗花缎喇嘛衣

身长：150厘米　两袖通长：190厘米

下摆宽：155厘米　文物号：故59446

这件喇嘛衣以绛色云龙暗花缎为面，月白色绫做里。在云肩、袖端及腰围饰以五彩云龙织金缎。另外在袖端和腰围还各加饰两道明黄色片金缘。此喇嘛衣藏传佛教之中每当跳起羌姆舞（跳神）时，扮演降神的舞者所穿的服饰，故也称作羌姆衣。在清代宫廷内，每逢新年在中正殿举行的藏传佛教法会上，都会跳起一种被称作"跳步踏"的宗教舞蹈，所谓"跳步踏"实际就是一种羌姆舞。

清早期 大红色织金缎璎珞衣

裙长：110厘米　裙围：90厘米　云肩高：50厘米
宽：70厘米　文物号：故59565

此璎珞衣云肩用大红色团龙杂宝织金缎，在领、襟及云肩边镶饰绿色缠枝莲纹织金缎。裙主体采用大红色龙凤纹织金缎，并以红色暗花织物做里。红色的璎珞衣是五彩（红、黄、蓝、白、绿）璎珞衣中之一，代表的是西方的阿弥陀佛。

璎珞衣是密教用骨（象牙）来做装饰的一种法衣。密教本尊神或密教上师一般都佩戴有叫作"六庄严"的密教骨饰，也称"骨饰六庄严"。包括骨冠、耳环、项链、臂钏和脚镯、胳腋及戴穗腰带等。这件大红色织金缎璎珞衣的全部骨饰部分均保存完整。

乾隆 片金镶红色勾莲织金缎大坎肩

　　身长：140厘米　肩宽：55厘米　下摆宽：130厘米

　　此坎肩上衣部分用片金织成，在领、襟及肩头等处镶以红色勾莲纹织金缎，腰部至肩镶饰红色云蝠纹织金缎。下裳为明黄色丝绢长裙。这件大坎肩是喇嘛贴身所穿的"中衣"（古时称穿在祭服、朝服等内的里衣叫中衣）。西藏僧人中衣多为上衣下裳分属，而此件不仅是上衣下裳连属，而且用料极其华贵，做工相当精细，应是藏传佛教中最高级别僧人所用。

乾隆 片金斗篷

身长：147厘米　下围长：367厘米　文物号：故59596

　　此斗篷以织片金为面，领襟处镶有明黄色缎绣缠枝莲纹边饰，而且在衣襟两边的莲花之上各绣八个黑色梵文咒字。在斗篷后背两肩之间还镶有一块石青地团龙织金缎。此斗篷用料华贵、做工精细，应是藏传佛教格鲁派高僧，达赖喇嘛或班禅喇嘛举行大型法会时所穿。

清 代 宫 廷 服 饰

《乾隆皇帝佛装像》唐卡

乾隆 片金通人冠

高：15厘米　直径：23厘米

冠体用片金制成，在冠前沿处，翻折出四层红地万字缠枝莲织金锦装饰，并以石青织金缎镶缘。冠正中采用缉米珠的手法，以米珍珠组成时轮金刚（又称"十相自在"）咒牌，此咒牌由七个梵文字母合书而成，是藏传佛教时轮教法的精髓。此冠为藏传佛教格鲁派中的大喇嘛所戴，在故宫博物院所藏《乾隆皇帝佛装像》唐卡中，乾隆皇帝所戴正是这种通人冠。

乾隆 片金藏帽

长：69厘米　宽：28厘米

通体用片金织成，两侧飘带刺绣缠枝莲纹，其内填六个兰扎体梵文咒字。此藏帽为格鲁派高僧所戴，又称班智达帽。

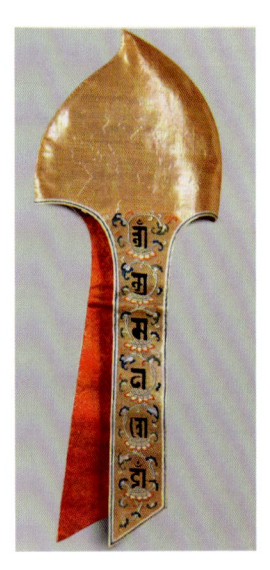

十、冠、帽

皇帝冬朝冠

冠饰是封建社会服饰制度的重要组成部分。在清代服饰制度中，对冠饰亦有详细严格的规定。清代宫廷冠饰有朝冠、吉服冠、行冠、常服冠以及便帽、钿子等。（雨冠及胄由于其特殊用途而分别纳入本书的雨服及甲胄一节）

（一）朝冠

按《钦定大清会典图》规定：皇帝朝冠有冬夏二式。冬朝冠有熏貂，有黑狐，惟其时。檐上仰，上缀朱纬，长出檐。顶三层，贯东珠各一，皆承以金龙四，饰东珠如其数。上衔大珍珠一，梁二在顶左右，檐下两旁垂带，交项下。夏朝冠，织玉草或藤丝竹为质，表以罗。缘石青片金二层，里用红片金或红纱。檐敞（不向上折），上缀朱纬。内加圈，

皇帝夏朝冠（前）

皇帝夏朝冠（后）

亲王朝冠顶（红宝石）

带属于圈。前缀金佛，饰东珠十五，后缀舍林。饰东珠七。余制如冬朝冠。

顶子又叫"顶戴"，是清代宫廷服饰中朝服冠和吉服冠冠顶饰物的统称。顶子的层数和所嵌宝石的质地是区分皇族及品官级别的重要标志（清中期以前顶子都是真材实料的，后来逐渐被仿制品所替代）。清代官员被革职时常以"摘去顶戴花翎"表示官职已不在身。

皇子、亲王、郡王至镇国公等朝冠，其形制与皇帝朝冠基本相似，只是其顶的层数，以及所饰东珠的数目不同。自文武一品至九品及未入流官员朝冠，是以其顶子质料及工艺的不同来分别等级。《钦定大清会典》规定：皇子亲王顶子金龙两层，嵌东珠十颗，冠顶用红宝石。亲王以下至伯的冠顶均用红宝石，但所嵌东珠数不同，分别是郡王八颗，贝勒七颗，贝子、固伦额驸六颗，镇国公、和硕额驸五颗，辅国公四颗，侯三颗，伯二颗。

六品朝服冠顶（砗磲）

另外，文武一品官、镇国将军、郡主额驸等，朝冠顶饰东珠一，均上衔红宝石。

文武二品朝冠顶用珊瑚。

文三品、一等侍卫朝冠顶用珊瑚，武三品朝冠顶用蓝宝石。

文武四品、二等侍卫朝冠顶用青金石。

文武五品、三等侍卫朝冠顶用水晶。

文武六品、蓝翎侍卫朝冠顶用砗磲。

文武七品，朝冠顶用素金。

文武八品，朝冠顶用阴纹镂花金顶。

文武九品及未入流官，朝冠顶用阳纹镂花金顶。

据《钦定大清会典图》规定：皇太后、皇后冬朝冠，熏貂为之，上缀朱纬。顶三层，贯东珠各一，皆承以金凤，饰东珠各三，珍珠各十七，上衔大东珠一，朱纬上，周缀金凤七，饰东珠各九，猫睛石各一，珍珠各二十一。后金翟一，饰猫睛石一，小珍珠十六。翟尾垂珠五行二就，共珍珠三百有二。每行大珍珠一，中间金衔青金石结一，饰东珠、珍珠各六，末缀珊瑚。冠后护领。垂明黄绦二，末缀宝石。青缎为带。皇太后、皇后夏朝冠，青绒为之，余制如冬朝冠。

皇贵妃冬朝冠，熏貂为之，上缀朱纬，顶三层，贯东珠各一，皆承以金凤，饰东珠各三，珍珠各十七，上衔大珍珠一。朱纬上，周缀金凤七，饰东珠各九，珍珠各二十一。后金翟一，饰猫睛石一，小珍珠十六。翟尾垂珠三行二就，共珍珠一百九十二。中间金衔青金石结一，饰东珠、珍珠各四，末缀珊瑚。冠后护领。垂明黄绦二，末缀宝石。青缎为带。皇贵妃夏朝冠，青绒为之，余制如冬朝冠。

贵妃冬、夏朝冠，护领，绦用金黄色，其余与皇贵妃冬、夏朝冠同。

妃冬朝冠，熏貂为之，上缀朱纬。顶二层，贯东珠各一，皆承以金凤，饰东珠共九，珍珠各十七，上衔猫睛石。朱纬上，周缀金凤五，饰东珠各七，珍珠各二十一。后金翟一，饰猫睛石一，小珍珠十六。翟尾垂珠三行二就，共珍珠一百八十八。中间金衔青金石结一，饰东珠、珍珠各四，末缀珊瑚。冠后护领。垂金黄绦二，末缀宝石。青缎为带。妃夏朝冠，除用青绒为之外，余制如冬朝冠。

嫔冬朝冠，熏貂为之，上缀朱纬，顶二层，贯东珠各一，皆承以金翟。饰东珠共九，珍珠各十七。朱纬上，周缀金翟五，饰东珠各五，珍珠各十九。后金翟一，饰小珍珠十六，翟尾垂珠三行二就，共珍珠一百七十二。中间金衔青金石结一，饰东珠、珍珠各三。末缀珊瑚。冠后护领垂金黄绦二，末缀宝石。青缎为带。嫔夏朝冠，除青绒为之外，余制如冬朝冠。

清 皇后冬朝冠

高：60厘米　直径：16厘米

此冠为卷檐式，檐镶黑熏貂皮，冠顶覆红绒，冠里衬红布。冠顶红绒之上均匀分布六只桦皮镀银凤，每只凤均镶饰猫睛石一颗及珍珠三十颗。冠顶正中竖一铜累丝鎏金顶子。顶分两层，每层有金凤一只，除各承托大珍珠一颗外，金凤周身还镶以若干珍珠，在冠顶端镶饰有粉红色碧玺一颗。冠后垂青丝绦一束及黑熏貂护领一张。翟尾垂珠五行二就，垂珠中间有一个金累丝衔青金石结，结两面各饰珍珠六颗，珠末缀红珊瑚坠。从此冠翟尾垂珠"五行二就"（"五行"指垂珠是五串，"二就"是说垂珠被结分为两段）来看，正是《大清会典》中所规定的后妃朝冠的最高等级。

（二）吉服冠

　　皇帝吉服冠也为二式。冬吉服冠，有海龙，有熏貂，有紫貂，惟其时。檐上仰，上缀朱纬长及于檐。顶满花金座上衔大珍珠一。梁一，亘顶上。檐下两旁垂带，交项下。夏吉服冠，织玉草或藤丝、竹丝为质。表以罗，红纱绸里，石青片金缘。檐敞，上缀朱纬，内加圈，带属于圈。余制如冬吉服冠。

清　皇帝熏貂皮冬吉服冠

　　直径：31厘米　　高：18厘米
　　檐宽：9厘米　　文物号：故59707

　　皇帝吉服冠。冠面用石青素缎，冠顶正中为一金錾花点翠金座，上衔大珍珠一颗，顶缀朱纬，冠檐为紫貂，冠里为红色绵布，垂蓝色帽带。冠上有黄条，墨书："大正珠顶一座，珠重二钱八分，金托重五钱二分，金珠重八钱"。

清 文、武五品吉服冠

清 文、武六品吉服冠

皇子、亲王、郡王、贝勒、贝子等，吉服冠顶用红宝石。

文武一品，吉服冠顶用珊瑚。

文武二品，吉服冠顶用镂花珊瑚。

文武三品、一等侍卫，吉服冠顶用蓝宝石。

文武四品、二等侍卫，吉服冠顶用青金石。

文武五品、三等侍卫，吉服冠顶用水晶。

文武六品、蓝翎侍卫，吉服冠顶用砗磲。

文武七品，吉服冠顶用素金。

文武八品，吉服冠顶用阴纹镂花金顶。

文武九品及未入流官，吉服冠顶用阳纹镂花金顶。常服冠及行冠如吉服冠。

清 文、武七品吉服冠

（三）常服冠

皇帝冬、夏常服冠，红绒结顶，不加梁。余制如冬、夏吉服冠。

清 皇帝冬常服冠

（四）行服冠

皇帝冬行服冠，有黑狐、黑羊皮及青呢三种。余制如冬常服冠。

皇帝夏行服冠，织玉草或藤丝、竹丝为质，红纱里，缘如其色。上缀朱氂（牦），顶及梁皆黄色，前缀珍珠一。

清 皇帝冬行服冠

道光 皇帝夏行服冠

高：18厘米　直径：30厘米

文物号：故 59725

皇帝着夏行服时所戴之冠，其形如斗笠，冠顶上饰大红色丝线所盘花结，四周垂红丝捻线至冠檐，冠前檐正中缀大珍珠一颗，冠内垂蓝布抽拉系带以系于项下。此行服冠以本色丝织席纹纱为面，冠缘镶石青色花卉织金缎边及石青丝织人字绦，冠内衬及帽圈用大红色绉绸。

（五）便帽

皇帝便帽亦称如意帽，承袭明代"六合一统帽"的形制。帽为六瓣，作瓜棱形，圆顶，也有近于平顶形，顶结红绒，俗称"瓜皮帽"。

清晚期　缉珠绣万福万寿如意帽

清晚期　缉珠绣长寿如意帽

清晚期　缎绣长圆寿字如意帽

光绪 石青色缎缉米珠灯笼纹如意帽

高：12厘米　帽圈直径：20厘米　文物号：故59727

　　如意帽一般由六片绸缎缝合而成，因其形似半个切开的西瓜而被形象地称为"瓜皮帽"。此件如意帽是皇帝着便服时的配套冠饰，帽为圆顶，顶中盘红绒节，垂红缨，帽檐采用万字曲水织金缎和小花窄绦。选用珊瑚、珍珠、青金石及绿松石等小珠子，以缉米珠的工艺手法，在帽顶缉绣出福庆连连流苏及双喜字灯笼等纹样。

（六）钿

钿也称钿子，《说文解字》："钿，金华也。"钿子是晚清时期后妃们着吉服时所戴的一种华贵的冠饰。它以金属丝或藤丝外缠黑色丝线后，编成骨架。其形式为前高后低，坡顶，状似覆箕。在钿子的钿顶及钿沿上一般会运用金、银、珍珠、珊瑚、宝石等各种珍贵材料和花丝、镶嵌以及点翠（翠指的是一种翠鸟身上艳丽的蓝色羽毛。在以金、银等金属做成的花式底托上，拼贴填充翠鸟羽毛的工艺称为点翠）等各类工艺加以装饰，统称为"钿花"。钿花图案内容有各式花卉、凤、蝴蝶、云、蝠等。根据钿上装饰的多少及内容的不同，钿子有凤钿、花钿、满钿和半钿之分。

光绪 铜镀金累丝点翠嵌珠石凤钿

高：20厘米　宽：30厘米

文物号：故 59708

此钿为清孝定景皇后（隆裕）穿吉服时所戴。以青色丝线缠绕后的藤片编制成网状钿子骨架。钿上部圈以镂空点翠古钱纹头面，下衬红色丝绒。钿口饰金凤六，钿尾饰金凤五，下沿饰金翟鸟七，均口衔各种串珠宝石坠。

清晚期 镶珠点翠花钿

高：17厘米　直径：24厘米　文物号：故59666

　　钿子源于满族贵族妇女传统冠饰，因形似覆箕，又称"覆箕子"。清代晚期钿子成为后妃穿吉服时经常佩戴的冠饰。此钿以黑色丝绒缠绕铁丝后编制成骨架，其上以珍珠、珊瑚、玉石、碧玺等珠石以及花丝、点翠工艺制成各色花饰加以装点，并表达吉庆祥瑞、子孙万代、长寿如意等吉祥寓意。

十一、佩饰

佩饰是指除冠、袍、履之外佩戴于身上的各种服饰用品。清代宫廷服饰中的佩饰种类非常多，例如头上戴的簪、钗、头箍、金约、耳坠，项上戴的衬领、领衣、朝珠、领约，胸前挂的采帨，腰上系的腰带及活计，还包括手镯、戒指、扳指、手串、指甲套等。丰富多彩的佩饰，在装点着宫廷服饰华美风貌的同时，还为我们展现出清代各种手工艺高超的设计及制作水平。

（一）头饰

簪、扁方：簪，最初为古代人缠绕固结发髻，或使冠、发相连固定的一种细长钎子形工具，称作"笄"。据《说文解字》中解释："笄，簪也。从竹，开声。"《篇海》说："妇人之笄，则今之簪也。本作笄。"笄为一头锐，一头钝，锐的一端插入发髻，钝的一头露在外面，称为首部。笄是发簪家族的鼻祖。

古代的"笄礼"（也称"加笄"或"及笄"）是汉民族女性的成年礼。古人认为，女子长到十五岁便进入了成年，可以盘发插笄了。为此，要举行叫作"加笄"的成人礼（即把头发盘起来用笄别插于头顶）。后来人们开始在笄的首部做一些简单朴素的装饰，使笄从盘头用的工具，慢慢演变成一种既有实用盘发功能又兼具美化作用的妇女头饰。随后出现的簪、钗等妇女头饰皆是在笄的基础上发展、演变而来的。

簪分为两部分，花头部分为簪首，下端锥状部分称"挺"。簪和钗的区别在于簪是单挺而钗为双挺。在簪首垂有旒苏坠饰的叫"步摇"。清宫里的簪、钗多以金、银等为托，点翠为地，上镶以宝石、翡翠、珍珠、珊瑚等材料。并以各种花卉、草虫、龙、凤、福、寿、喜字等组成"万福万寿""二龙戏珠""凤戏牡丹"等吉祥纹饰。

"扁方"也称"扁簪""大扁簪"，是一种特殊形式的簪。扁方是满族妇女，梳旗式发髻（两把头）时的一种专用饰物。一般簪、钗的挺部都是长钎子型，而扁方通体为扁平的长板形，一端圆钝一端平直。簪、钗等因其挺部要用于插入发髻，故只在首部有装饰，而扁方因不需要插入发髻，故在整个簪板上都可以做装饰。清代宫廷后妃所用扁方除了选用金、玉、翡翠等珍贵材质外，工艺上也是镂雕、镶嵌、点翠、花丝，应有尽有。

道光 银镀金点翠嵌宝石凤簪

长：14.3厘米　宽：12厘米

此凤簪为银质镀金，凤凰身、翅、尾及花叶用点翠，花瓣嵌米珠，凤头、凤身正中及花心嵌碧玺及红宝石。此簪上系黄签墨书："道光十二年四月十五日收，延禧宫首领马进忠交"。

同治 银镀金点翠嵌宝石蝴蝶钗

长：25厘米　宽：7厘米

此钗银质镀金，双挺。钗首部分选用珍珠、白玉、珊瑚和红宝石等，并运用了花丝、点翠及镶嵌等工艺装点出菊花蝴蝶图案。钗上系有黄签，其上墨书：″同治元年二月十四日收，沈魁交″。

清晚期 白玉万寿字扁方

长：32.30厘米　宽：2.90厘米　文物号：故98958

扁方是满族妇女梳两把头发式时的特殊发簪，又称"大扁簪"。清代宫廷后妃扁方多以金、银、玉等高贵材料制成。此件扁方为白玉所制，玉质温润，洁白无瑕，簪身镂空出相间的寿字与万字，簪头呈梅花形。

清晚期 金嵌宝石扁方

长：30.70厘米　宽：3.90厘米　文物号：故11826

此扁方以纯金为簪体，采用花丝镶嵌工艺将簪头做成卷花瓣形，上嵌翡翠蝙蝠，两端嵌碧玺梅花及珍珠各一。簪身为黄金镂空古钱地，梅花纹边。其上用各种宝石镶嵌出蝠寿万代装饰，其中花心用珍珠。蝙蝠用粉红色碧玺，团寿及飘带用翡翠。在簪头背面刻有"粤东南发足金"戳记。

耳坠

耳坠和耳环在我国北方也叫耳钳子，是一种耳垂上的饰物。在我国，妇女戴耳饰的历史可上溯到新石器时期，而且这一习惯一直延续至今。自耳坠出现后，其质地、形式、工艺等一直在不断地丰富和发展变化着。满族妇女不但戴耳坠，而且有在一只耳朵上戴三只耳坠的独特习惯。在建立大清后，这一民族习惯在清代宫廷内继续受到尊崇，所有后妃们均保持着一耳戴三钳的风俗。宫中选八旗秀女时，所有秀女均要佩戴耳坠。乾隆四十年，在一次选秀女时乾隆帝就曾说道："旗妇一耳戴三钳，原系满洲旧风，断不可改饰。"《钦定大清会典图》规定："皇太后、皇后耳饰，左右各三。每具金龙嵌一等东珠各二，皇贵妃、贵妃耳饰用二等东珠，妃耳饰用三等东珠，嫔耳饰用四等东珠。余制同。"

清 后妃金环嵌东珠耳坠

每只通长：1.5厘米

此为后妃整副耳饰，金环下为累丝坠帽，其上衔大东珠两颗。佩戴时左、右耳各戴三只。

金约

金约是清代后妃头饰的一种。"金约于冠下作约发之用"说的是后妃们在着朝服时，要先用金约将发束定后再戴上朝冠。金约由金箍和后部所垂串珠组成，后妃的等级不同其金箍节数和串珠行数的多寡也不一样。《钦定大清会典图》规定："皇太后、皇后金约，镂金云十三，饰东珠各一，间以青金石，红片金里，后系金衔绿松石结，贯珠下垂，五行三就。其珍珠三百二十四，每行大珍珠一，中间金衔青金石结二，每结饰东珠、珍珠各八，末缀珊瑚。"其下皇贵妃、贵妃为镂金云十二，妃为镂金云十一，嫔为镂金云八，串珠均为三行三就。

清中期 金镶青金石金约

外径：21.50厘米　内径：18.60厘米　最厚：1.20厘米　文物号：故12015

这件金约的串珠已缺失，仅余金箍，金箍由八节镂金云（金托）组成，每节镶嵌青金石，在金托上下两缘装饰累丝云纹。在各节间用梅花形金铆钉相连，连接处饰以累丝金云并嵌东珠一颗。附黄条墨书"金镶催生石头箍一围，嵌无光东珠八颗，共重六两"。按大清冠服制之规定，此金约由八节镂金云构成，应为嫔所用。

嘉庆 青绒银镀金嵌珠石头箍

长：25厘米　宽：3—7.50厘米　文物号：故225885

　　头箍的作用类似于金约，清中晚期以后，后妃们在着吉服时要先用头箍以约发和装饰，然后再佩戴钿子。此头箍上附黄纸签，墨书："嘉庆六年十月十五日收，敬事房呈，览银镀金花托六块，玻璃花托五块，嵌假珠十一颗"。

（二）项饰

朝珠：朝珠源自佛教的念珠。清代时在念珠的基础上稍加改动，并规定凡着朝服时必须佩戴而成了朝珠。朝珠上共有圆珠一百零八颗，意为一年中十二月、二十四节气、七十二候之合。这一百零八颗圆珠，又被四颗大珠（也称"佛头"）等分，表示四季。朝珠上附有小珠三串，叫作"纪念"。每串各有小珠十粒，共三十粒，象征一月有三旬共三十天。朝珠顶端佛头连缀佛头塔并以丝绦连系背云及坠角。佩戴朝珠时背云及坠角垂于项后。朝珠佩戴时还以男女区分，皇帝及王公大臣三串纪念中两串在左，一串在右，后妃及其他女眷则为两串纪念在右，一串纪念在左。

清代冠服制度规定，自皇帝、后妃、王公大臣到文五品、武四品以上官员，以及军机处、翰林院、詹事府、科道卫士、礼部、太常寺、鸿胪寺等属官，凡着朝服参加大典时，都必须佩戴朝珠。

孝和睿皇后朝服像

在清宫，朝珠的材质选用、佩戴方式和佩戴场合等都有着严格的规定。如东珠朝珠在宫廷里是最高等级的朝珠，除皇帝、皇太后及皇后外，其他人等都不得佩戴。皇帝参加不同的典礼或祭祀场合，其所佩戴的朝珠材料也是不同的。如登基、朝会等大典时要佩戴东珠朝珠；在天坛祭天时要佩戴青金石朝珠；于地坛祭地时须佩戴蜜蜡朝珠；在日坛朝日时当佩戴珊瑚朝珠；于月坛夕月时则佩戴绿松石朝珠。佩戴朝珠的数量则男女有别，皇帝及王公大臣等均只佩戴一盘朝珠，而后妃及命妇们则要佩戴三盘朝珠。如皇太后、皇后参加大典时要一盘东珠朝珠挂于项上，另外两盘珊瑚朝珠分左右肩斜挎交于胸前。

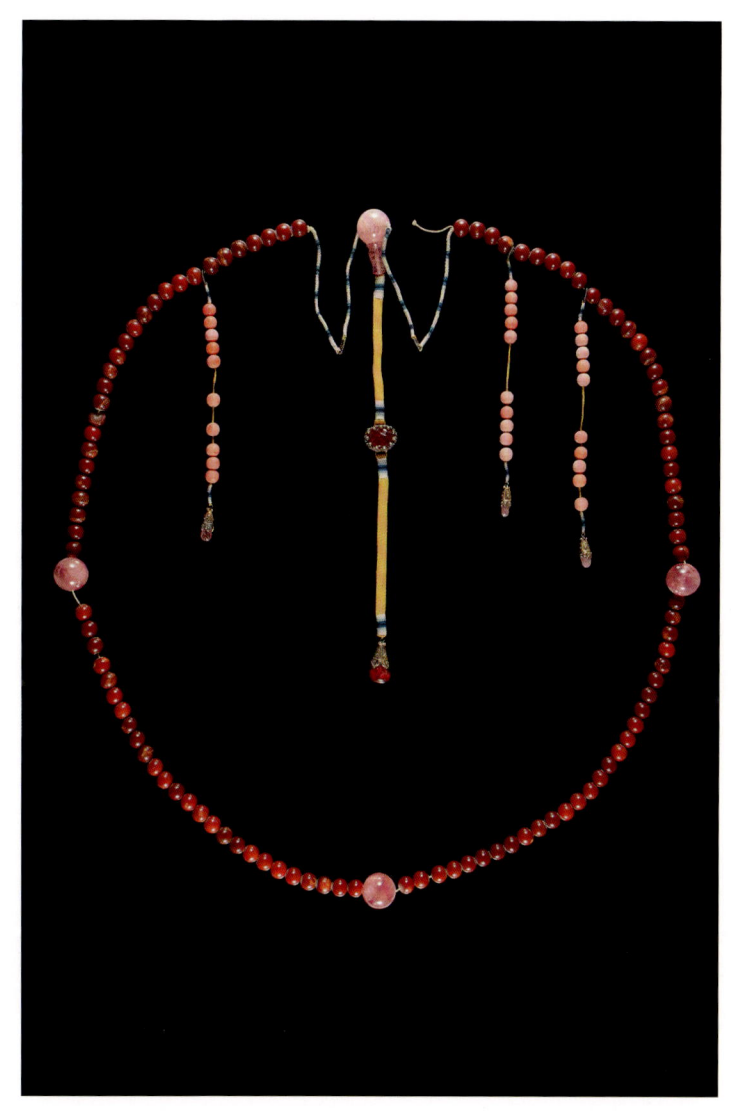

道光 蜜蜡朝珠

周长：175厘米　文物号：故71844

这盘朝珠蜜蜡珠体圆润均匀，大小一致，但因缺失一颗，现存为一百零七颗。佛头及佛头塔均为碧玺，三串纪念为珊瑚，纪念坠角仍为碧玺，背云为明黄绦带系红宝石。整盘朝珠以明黄色绳串接，所附黄条墨书："蜜蜡朝珠一盘，碧玺佛头塔小坠角，铜镶红宝石背云大坠角，珊瑚纪念。道光二十三年七月二十五日收鞡可交。"

咸丰 东珠朝珠

周长：139厘米　文物号：故10082

　　这件东珠朝珠为咸丰皇帝所用。由一百零八颗东珠组成，间以四颗红珊瑚佛头。在底部及两侧佛头的两端分别饰有蓝晶石珠，顶端佛头连缀有红珊瑚佛头塔，塔下以明黄色绦带系椭圆形金累丝嵌红宝石及珍珠背云，其上下各有一个珊瑚蝙蝠形结。背云以下仍以明黄色绦带系金累丝点翠托翡翠坠角。朝珠上有松石纪念三串，下垂金累丝点翠托红、蓝宝石、碧玺坠角各一。整盘朝珠置放于黑色漆屉内，附有黄条，其上墨书："文宗显皇帝"，上盖黄色单袱。东珠产自满族的发祥地东北，根据其大小、圆润度可分为五等。这盘朝珠的东珠直径均在十毫米以上，粒粒均匀、颗颗圆润，当为一等。

咸丰 青金石朝珠

周长：98厘米　文物号：故10358

此盘朝珠现存青金石五十八粒（完整朝珠由一百零八颗珠子组成），碧玺佛头四，佛塔一。金嵌椭圆形碧玺背云一个，背云下垂金累丝点翠托随形碧玺一个。珊瑚纪念三挂，各十颗，下垂金累丝点翠托红宝石坠角三。

（三）手饰

手镯、手串：手镯是妇女戴在腕上的饰物，清宫后妃所戴手镯质地华贵，有金、银、玉石、翡翠、伽南香、玳瑁等，工艺上也是雕镂镶嵌无所不能。手串常由十八粒串珠，两个结珠及佛头结坠组成。既可戴于腕上又可挂在衣襟上，其中用伽南香、紫金锭所制成的手镯、手串，还兼有理气通窍、避瘟祛邪之功效。手镯、戒指以及耳坠是清代后妃首饰中为数不多的至今仍为当代女士所钟爱的传统首饰。近年来，各种材质的佛珠、手串盛行，且不分性别、职业和年龄，很多人都会在手腕上佩戴上一串佛珠或手串。

清 金镶伽南香嵌金珠米珠长圆寿字手镯（一对）

直径：7.1厘米

此手镯里口以黄金打造，口边为金累丝乳钉纹。外侧环镶以伽南香，在伽南香之上以金珠嵌出圆寿字，以米珠嵌出长寿字。

清 椭圆翡翠手镯（一对）

直径：6.4厘米

此手镯为椭圆形，一只光素，一只雕刻有浅阴刻结纹。

清 圆形翡翠镯（一对）

直径：7.7厘米

此手镯为圆形，光素。

清 珊瑚十八子手串

珊瑚珠直径：1厘米　手串周长：30厘米

此手串采用十八颗雕双喜字红珊瑚珠子连缀而成，珠间结、结珠、佛头用翡翠，在佛头塔前系有一个珊瑚金刚杵，下面为翡翠双喜字背云及喜字坠角。

清 碧玺十八子手串

碧玺珠直径：0.7厘米　手串周长：25厘米

此手串采用了十八颗碧玺珠子连缀而成，结珠、佛头塔及坠角为翡翠制成，背云为点翠嵌珍珠。

戒指、扳指、指甲套：戒指又称"指环"，是戴于手指上的装饰品，多用金、银、翡翠等珍贵材料经雕镂镶嵌而制成。扳指（也称搬指）原是古代人狩猎拉弓时，为防弓弦勒手而套在拇指上的一种防护用具。自乾隆以后，逐渐演变成为皇室、贵族中男性手上的装饰品。清代扳指所采用的材质很广泛，有金、银、铜、翡翠、玛瑙、玉石、珊瑚、水晶、瓷等，宫廷中有些扳指还会雕镂有精美的花纹及御制诗。清代贵族妇女有留长指甲的习俗，指甲套便是用来保护指甲所用的，在清宫里，指甲套是后妃重要的饰物之一。

清 金里镶翠戒指

外径：2厘米

这枚戒指以黄金做胎，外镶翡翠箍，戒指口沿处镶两圈珠饰，戒指内侧有"宝华""足金"戳记。

清乾隆 碧玉刻诗文扳指

直径：2.9厘米　高：2.2厘米　文物号：故103571

此扳指为碧玉质，圆筒状。扳指面一侧为雕填地萱花一枝，另一侧雕有阴刻填金隶书体《御题萱花诗》一首，诗文为："叶绿与花黄，无情自在芳。持将赠屈子，定是不能忘。"

清 白玉扳指

直径：3.1厘米　高：2.8厘米　文物号：故99115

此扳指为白玉质，马鞍形。玉质莹润，一侧有少量黄皮。随扳指附一黄条，其上墨书："府脂玉皮搬指一个"。

清 银鎏金累丝嵌珠石指甲套

长：9厘米　底部外径：1.4厘米　内径：1.1厘米
顶部：0.5厘米　文物号：故225578-79

这件银鎏金累丝嵌珠石指甲套，以白银为原材，采用累丝及鎏金工艺制成指甲套后，还在上面用点翠工艺装饰蝙蝠和"寿"字图案，并在蝙蝠和"寿"字上分别镶嵌红色宝石和珍珠各一粒。

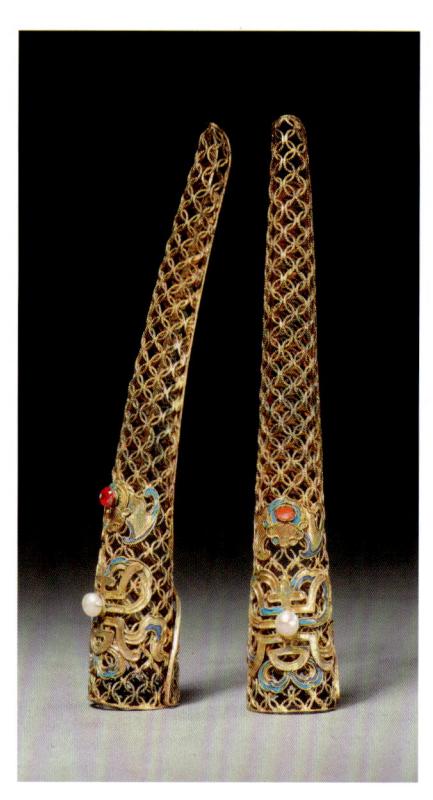

（四）腰带

腰带：皇帝腰带有朝带、吉服带、常服带、行服带之分。

皇帝朝带其一为：色用明黄，龙纹金圆版四，饰红宝石或蓝宝石、绿松石，每版衔东珠五，围珍珠二十，左右佩帉，浅蓝及白各一，下广而锐。中约镂金圆结，饰宝如版，围珠各三十。佩囊文绣，遂觿刀削，结佩惟宜，绦皆明黄色。

皇帝朝带其二为：龙纹金方版四，其上饰物圜丘为青金石，方泽为黄玉，朝日用珊瑚，夕月用白玉。每版衔东珠五，佩帉及绦惟圜丘用纯青。余制如圆版朝带。

皇帝吉服带与常服带，色用明黄，镂金版四，方圆随所欲，衔东珠五，杂宝惟宜。左右佩帉纯白，下直而齐，中约金结饰如版，余制如朝带。

皇帝行服带，色用明黄，中约束用红香牛皮，饰金花纹。镂银环各三。左右佩帉以高丽布，视常服带微阔而短。佩囊明黄，圆绦饰珊瑚结，削燧杂佩惟宜。

清代宫廷对腰带的颜色也有严格的等级之分，皇帝及宗室直系用黄色，旁系用红色，其他官员则只能用石青色或蓝色。到清中期时，一些旁系觉罗人（努尔哈赤父亲的伯叔

皇帝朝带一

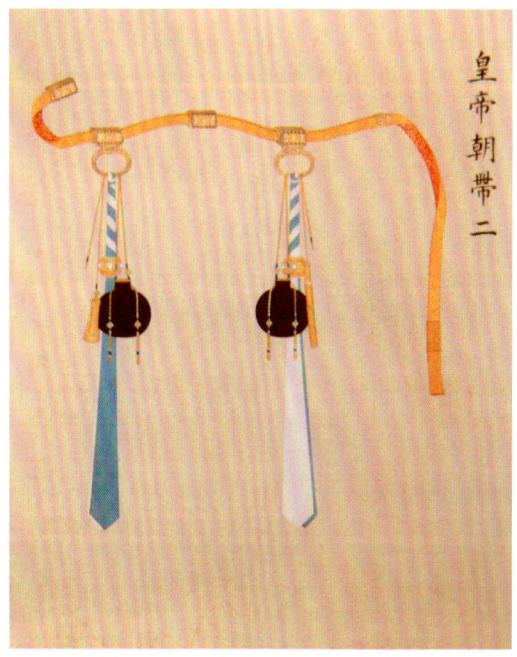

皇帝朝带二

兄弟的旁系子孙）为攀高身份往往也使用接近于黄色的腰带，乾隆为此曾训谕："宗室人等束用黄带，示尊重也。觉罗人等当束红带，前已节经降旨禁止僭用，今见觉罗人等带色渐似黄，竟无分别，断乎不可，著交宗人府八旗通行严禁，觉罗等嗣后务遵原定颜色，不可僭越滥用。如再查出，务将其人从重治罪。"

腰带上常常要挂上一些日常所用的小物件，如刀、燧、火镰（取火工具）、荷包、觿（解绳结的工具）、眼镜盒、扇套、牙签盒等，统称"活计"。清代晚期时，在腰带上的帉（飘带或风带）上面常绣有"忠""孝"二字，故腰带此时又有"忠孝带"之称。

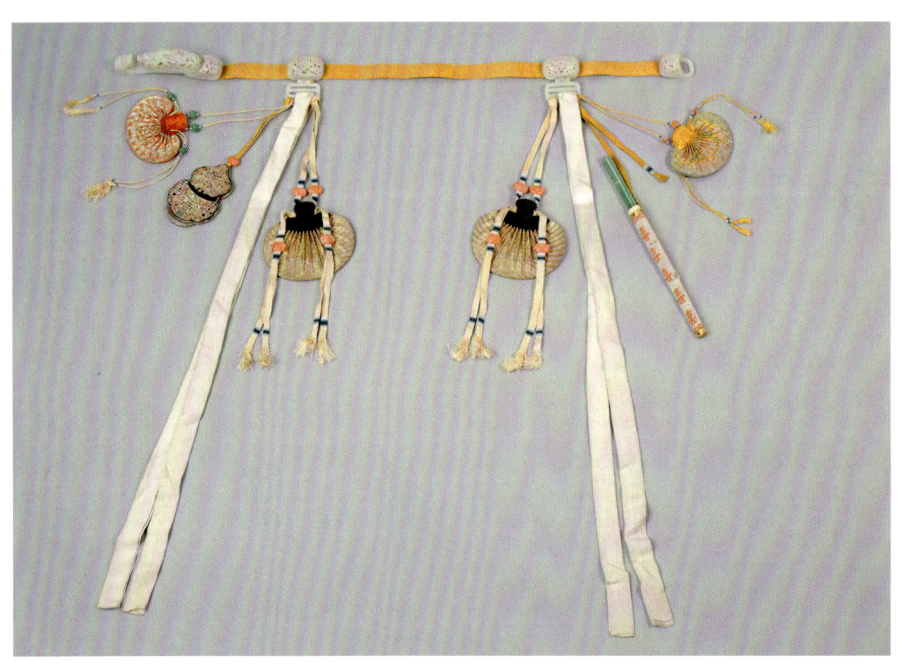

康熙 吉服带

带长：184厘米　帉长：75厘米　文物号：故71869

吉服带是清代皇帝着吉服时所系腰带。此吉服带为明黄色丝毛织物，带钩用白玉镂雕云龙蝠寿纹，带版镂雕有鱼、磬及蝙蝠纹，寓意福庆有余。两带环各垂白色素纺丝绸帉二，下端平齐。在带环上分别拴挂五种饰件：翠柄银胎缀珊瑚米珠单喜字鞘刀一；石青缎平金银福寿椭圆荷包二；红缎平金银夔龙腰圆荷包一；明黄缎平金银彩绣花卉腰圆荷包一；石青缎平金银彩绣庆寿喜字火镰套一。以上饰件均以红珊瑚、绿松石和明黄色丝绦连缀。

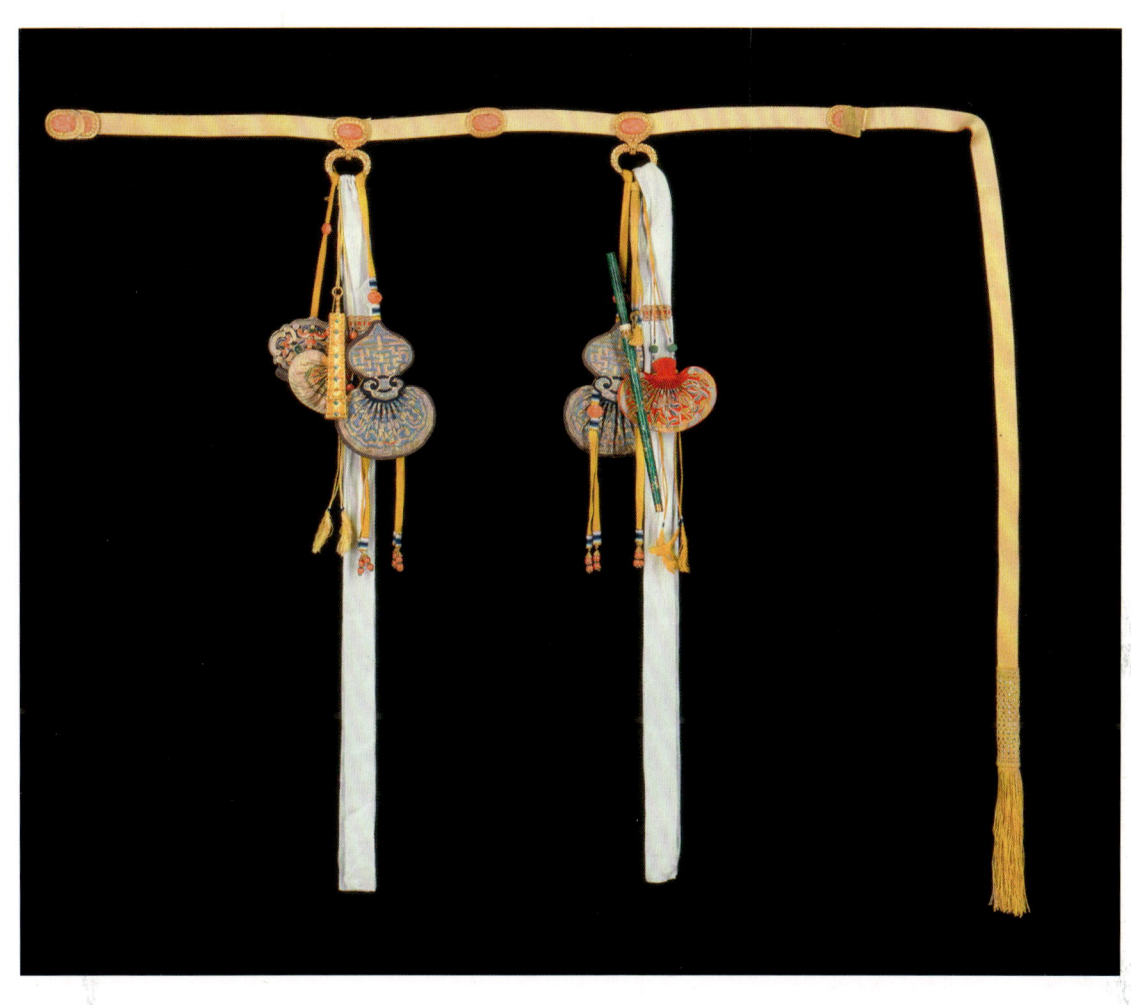

嘉庆 吉服带

长：192厘米 文物号：故71892

此吉服带为皇帝着吉服（龙袍）时所系。带用明黄色丝织而成，红色团龙织金缎衬里。带上饰椭圆金镶珊瑚版四块，两侧带版环上系有湖色帉各一，另有鞘刀、金镶松石牙签筒、刺绣火镰套各一及荷包四个。

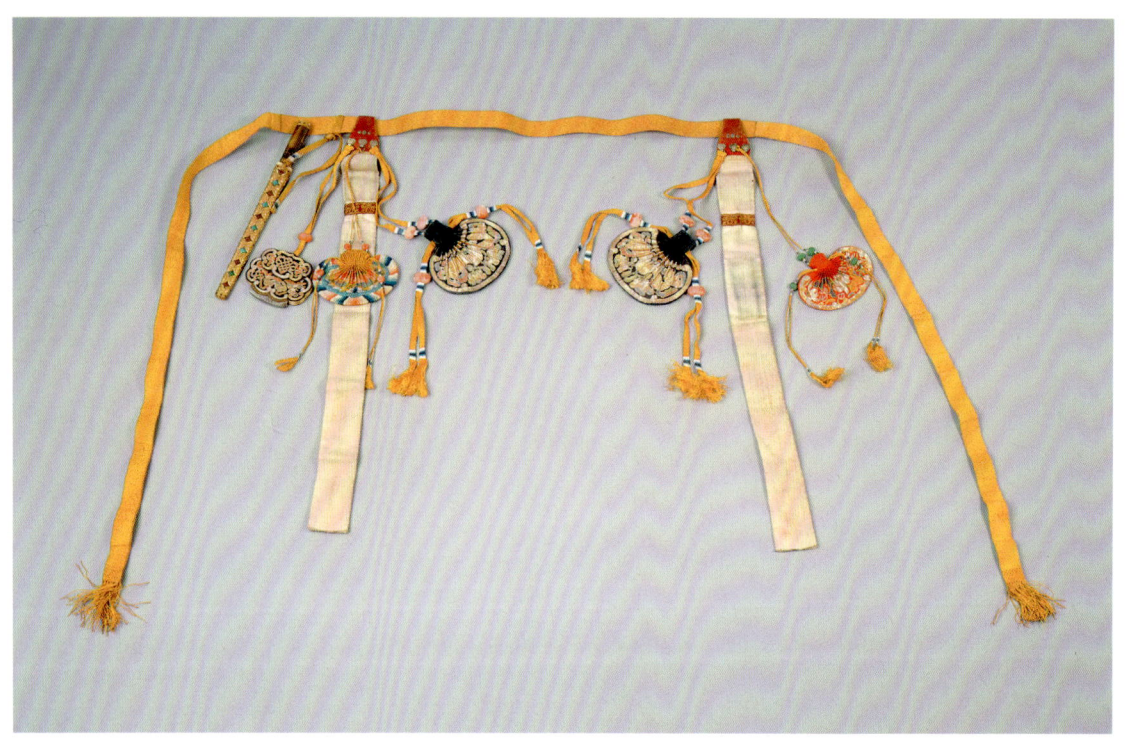

康熙 行服带

带长：224厘米　帉长：65厘米　文物号：故71890

皇帝行服带。带身为明黄色，白色高丽布做帉，红色牛皮为中束。其上挂有皇帝出行常随身携带之活计，包括鞘刀一把，荷包四只，火镰一个。所有活计均由明黄色绦结珊瑚、松石饰件连之。四只荷包共有三种款式，分别采用了平绣、辫绣、钉绫等针法，并较多地使用了金银线精心绣制。

据《清史稿·舆服志》："佩帉以高丽布，视常服带帉微阔而短，中约以香牛皮束，缀银花文佩囊。"另据清人徐珂《清稗类钞·物品类》所述："高丽布，韩国所制者也，纬文棱起而疏，质坚而厚。"

（五）活计

活计：清代宫中将腰带上的各种小物件统称为"活计"。活计中包括荷包、香囊、扇套、眼镜盒、牙签盒、镜套、褡裢以及鞘刀、火镰、觿等各类随身小饰品和小工具，共有十余种之多。

清代宫廷保留下来的活计中以扇套、香囊、荷包最为常见。清代承袭了明代随身携扇之风气，认为随身携一把折扇不仅可以扇风送凉，更是文人雅士的标志。清代折扇不仅扇骨制作讲究，扇面书画也不乏名家经典之作。为了携带方便和美观，同时给折扇一个良好的保护，扇套也就成了活计之中的主要内容。

古人很早就有随身佩香的习惯，故清代活计中荷包和香囊不仅数量多，样式也极其丰富。荷包最初是中国汉族传统服饰中，人们随身佩带的一种盛放零星物品的小包。荷包的前身叫"荷囊"，现存最早的囊是春秋战国时期的遗物。关于荷包之用的传说有二，一说是原为贮食物，用以途中充饥；另一说为内贮毒药，万不得已服之以殉身。然而，以上这两种说法均有待进一步考证。至少，清代荷包并不具上述两个功用。

在满语中，荷包被称为"法都"。按清朝宫廷的礼俗，在皇帝选后妃"放小定"的时候，候选秀女们要站为一排，由皇帝挑选。皇帝以荷包和如意为信物表达自己心意，如皇帝将一个荷包系在被相中秀女的衣扣上，取其"荷"之谐音，表示合皇帝之意，这个接到荷包的秀女将成为皇帝后宫的嫔妃。如果在放小定时哪位秀女能接到皇帝递来的如意，那么这位秀女就是皇后的人选了。在光绪皇帝选后妃时，就曾以荷包和如意两种信物分别授定珍嫔、瑾嫔（即后来的珍妃和瑾妃）和隆裕皇后。

清宫里皇帝大婚时，在皇后的嫁妆中都少不了各种活计，用以表示皇后母仪天下的风范。日常在宫里，皇帝还会选择一些活计赏赐给臣属。在清宫中设有专门制作各种活计的机构，每年都会将荷包等活计选送至四执事太监处统一收管。宫廷内每逢岁末和四时八节，皇帝还会用荷包和其他各类活计例行赏赐诸王大臣。在清代宫廷之内，荷包（香袋、香囊）一般都会装填上一些香料佩戴在身上，有时也挂于室内或帐中，阵阵幽香令人心旷神怡。

活计虽小，但其形式多样、制作精巧、纹饰丰富，各式各样的织绣和其他工艺技法应有尽有，足以反映当时各类手工艺的制作水平。

清代宫廷服饰

光绪 红色缎平金锁线绣龙凤呈祥活计

扇套长：31厘米　宽：6厘米　荷包高：10厘米
宽：8厘米　文物号：故69379 1-8/8

　　这份活计是为光绪皇帝大婚所制作。全套共八件，包括荷包一对，褡裢、表套、扇套、靴掖、搬指套及槟榔袋各一件。红色素缎面，用金线盘绣"龙凤呈祥"四字，字体工整流畅，间饰五彩祥云。主题突出、色彩鲜艳、喜庆吉祥。

光绪 明黄色缎绣太狮少狮百鸟朝凤活计

　　扇套长：31厘米　宽：6厘米　荷包高：10厘米

　　宽：8厘米　文物号：故70128 1-8/8

　　活计是腰带（包括朝服带、吉服带、常服带、行服带）上所佩挂饰物的统称。此活计为皇帝御用佩饰，全套共八件，包括荷包、褡裢、表套、扇套、靴掖、搬指套、名片夹和眼镜套各一件。腰带上所佩活计种类和数量没有严格规定，但以荷包、扇套和香囊最为常见。此份活计用明黄色素缎为面料，采用广绣风格的技法刺绣出太狮少狮和百鸟朝凤图案。题材喜庆、构图鲜活、色彩鲜艳、制作精良。在大部分活计上还钉有明黄色绦带及金线盘结。

（六）采帨

采帨：后妃着朝服时挂于胸前的上窄下宽的带形饰物。《钦定大清会典图》规定："皇太后、皇后采帨，绿色绣纹为五谷丰登。佩箴管縏袠之属，绦明黄色，皇贵妃制同，贵妃采帨结佩惟宜，绦金黄色，余同。"妃采帨绿色，绣文为云灵芝端草，结佩惟宜，绦金黄色。嫔采帨不绣文，结佩惟宜，绦金黄色。其下皇子福晋用月白色不绣文。

清 大红色缎绣花卉采帨

长：110厘米　文物号：故12162

采帨是后妃礼服上的专用佩饰。遇重大盛典后妃们要将其佩挂在朝褂的第二颗纽扣上垂于胸前，采帨所用色彩及所绣的纹饰可区分后妃的等级。

这条采帨以红绸做成，呈上窄下宽的狭长条形。正面绣有福庆长寿、灵仙祝寿、寿山福海及暗八仙等纹，色彩鲜艳，绣工极佳。采帨上端系于一福庆图青白玉环，环内另系八组十六条挂坠，坠角有红珊瑚、绿松石、金星石、碧玉、白玉籽料等多种材质，形制有葫芦、蕉叶、瓶形、花篮、宝剑、阴阳板等。环首系明黄绦带并连缀浮雕龙纹红珊瑚扁珠。采帨上端有一金镂空梯形箍，上嵌红宝石和翡翠。两条带有金累丝托碧玺坠角的明黄绦，穿过梯形箍垂于采帨前后。在《大清会典》中规定的后妃用采帨多为绿色，而这件采帨为大红色，很可能是为宫中喜庆典礼专门制作的，另外从这件采帨系明黄绦来看应为皇贵妃以上后妃所用。

十二、靴、鞋、袜

　　以游牧为生的满族先民，长期生存于我国东北白山黑水之间。在这一高纬度地区，冬季寒冷而漫长。因此，为了御寒，满族人在很早以前就一直有穿高勒靴子的习惯。最初，满族人所穿的靴子多用兽皮缝制，并以兀剌草做充填。当时这种靴子主要作用是保暖御寒和方便骑乘。因此，那个时候在靴子上也少有装饰。满族人入主中原，并在北京建立大清王朝后，虽脱离了东北地区冬季的严寒与游牧生活的劳顿，但穿高勒靴的习惯却被保留了下来。特别是在宫廷朝贺大典等大型的礼仪性活动时都一定要穿上漂亮的高勒靴子，这时的靴子还被称为"朝靴"而写入了《钦定大清会典》。此时的朝靴，保暖性和方便骑乘已经显得不太重要了，美观和舒适才是朝靴的主要功能。因此，清宫朝靴不再使用兽皮、兀剌草等御寒材料来制作，取而代之的是华丽、轻柔的丝织品。清代朝靴做工精细，纹饰美观，除织、绣有花纹外，还常饰以珍珠、珊瑚珠及各种宝石等。

　　满族妇女不缠足，并在闲居时经常穿一种独特的高底鞋，也称作"旗鞋"。旗鞋的鞋底一般高约二寸左右，最高者甚至可达四寸许。旗鞋若按其鞋底的形状可分为三种。第一种，鞋跟安装在鞋底的中部（脚掌心的位置），鞋跟上小底大，形似一个倒扣着的花盆，俗称"花盆底"。再一种，鞋跟上宽下窄，上宽与鞋掌同，下窄不过两寸许，因踏地印痕形似马蹄，也称作"马蹄底"。第三种，鞋跟虽也是上宽下窄，但从鞋底侧面看上去外形很像元宝,故也被称为"元宝底"。

清代宫廷后妃们所穿旗鞋选料精、做工巧,多以丝绸等高级织物作鞋面,鞋跟则用木胎外裱织物,并运用刺绣、堆绫、穿珠等各种工艺手法在鞋面甚至鞋跟处加以装饰,精巧别致、华丽美观。

清代帝后所穿袜子多用丝绸缝制,袜子上还会用刺绣等工艺手法来做一些装饰。在清代宫廷服饰里,帝后的袜子也按季节有棉、裕之分。由于穿着方式所决定,袜子的装饰、绣纹等一般只施于袜腰处。另外,还有一种与朝靴相配的高勒袜,袜高及膝,袜口同朝靴一样呈前高后低的曲线。

康熙 黄色缎缉米珠绣朝靴

高:52厘米 长:27厘米

文物号:故61782

此朝靴为清代早期康熙皇帝在庆典仪式上所穿。朝靴以深蓝色和黄色如意云纹缎分别作靴面和靴腰,用蓝色织金缎镶边。以大、小不同规格的珊瑚珠、珍珠,在靴面、靴头、靴跟及靴腰等处,通过缉米珠的工艺手法,勾勒出朝靴的轮廓,并分别组成如意云头和蔓草纹饰。

康熙 石青色漳绒缉米珠绣朝靴

高：53厘米　长：25厘米

文物号：故61783

此为圣祖仁皇帝康熙御用朝靴。选用石青色的漳绒作为靴子面料，柔软舒适。朝靴上使用了米珠和珊瑚珠，通过缉米珠的工艺手法做出装饰线条和蔓草花纹。靴口用石青色织金缎镶边。相对于清初的皮质朝靴而言，此时朝靴的御寒保暖功能已经退居次要的地位，美化和舒适的要求已经凸显出来。

道光 红色缎绣花卉马蹄底鞋

　　高：17厘米　长：19.50厘米　文物号：故60796

　　这种高底鞋是旗鞋中的一种，因鞋的印痕似蹄印而被称作"马蹄底"。此鞋红色缎为面，其上彩绣各式花卉。采用宝蓝色缎及小花绦带镶饰鞋口。鞋掌为百衲布，鞋跟内用木胎，外裱白色棉布。

光绪　月白色缎绣花卉钉料石花盆底鞋

高：17厘米　长：21.50厘米

文物号：故61391

　　花盆底因鞋底似倒扣花盆的样子而得名。由于鞋底外形独特，并且又是在高底鞋中满族妇女穿的较多的一种，花盆底鞋也就成为旗鞋的代称。此鞋鞋帮分上下两层缝制，下为湖色缎绣荷花纹，上为黑缎钉料石小花。鞋跟与鞋掌部接缝用黑色织金缎压条，鞋头饰以莲蓬头纹饰并垂黄色璎珞。此鞋鞋里用白布衬，鞋掌为百衲布，鞋跟为木胎外裱白布并罩白色涂料，在鞋跟四面以料石镶饰出花篮图案。

光绪　月白色缎绣竹子元宝底鞋

高：10.90厘米　长：23厘米

文物号：故61052

　　元宝底鞋因底似元宝而得名。此鞋以湖色缎做鞋面，蓝色缎做鞋口，在鞋面和鞋口上分别绣竹叶纹及盘长纹。鞋头用蓝色缎堆饰如意云头，鞋尖绣一团寿字。鞋跟内为木质，外裱一层白色棉布，在棉布上以堆绫方法堆贴五彩缠枝花卉纹。

清 代 宫 廷 服 饰

康熙 明黄色缎绣彩云金龙高靿绵袜

高：61厘米　长：24厘米　文物号：故61786

这件绵袜是清康熙皇帝穿于朝靴内的御用袜。由袜靿和袜身两部分组成，上部袜靿在明黄色缎地上以拈金线绣出两条升龙，刻鳞手法令龙身微凸起，生动而具立体感。以五色丝线包金边绣出彩云海水环绕龙身周边。袜口用石青色织金缎镶边。此袜上面的袜靿部分色彩鲜艳，工艺精细，装饰奢华，而下面的袜身部分则采用白色暗花软缎，仅内絮薄绵，不加装饰，以保证穿着的舒适。

乾隆 白色绫画花蝶夹袜

长：24厘米　高：30厘米
袜口宽：16厘米　文物号：故62005

清代后妃所穿夹袜。在白色暗花绫上，先以淡墨勾画花卉蝴蝶图案轮廓，再用淡彩加以渲染，清新而淡雅。

第三章

清代宫廷服饰制作

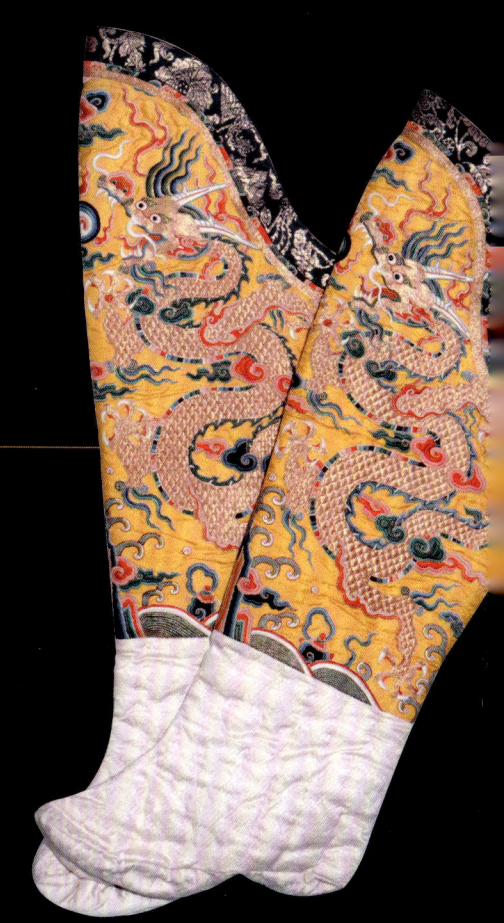

一、规模空前的御用机构

(一)"江南三织造"的兴衰

顺治二年(1645),清代宫廷首先建立了江宁织造局,两年后再建杭州局和苏州局,从此有了"江南三织造"。

据《钦定大清会典》记载:"在京有内织染局,在外有江宁、苏州、杭州织造局。岁织内用缎匹并制帛,诰敕等各有定式,凡上用缎匹,内织染局、江宁织造,赏用缎匹,苏杭织造。"由此可看出除在南京(当时称江宁、江南)、苏州、杭州分设江宁织造局、苏州织造局和杭州织造局(简称"江南三织造")三个织造局外,清政府在北京还设有内织染局。但实际上,"江南三织造"仍是清宫御用丝织中心。

据孙珮所写《苏州织造局志》记载,康熙二十四年(1685)时,苏州织造局有织机八百张,工匠二千六百零二人,另有挑花、刺绣高手数百人。江宁织造局(同治以后称江南织造局),在清乾隆时期织机达六百张,机匠一千七百余名,加上纺染匠人,共有匠役二千五百余人。在江宁织造局之下还分设有供应机房、倭缎机房、诰帛机房等,足见规模之庞大。

在各织造局内,工匠的技术分工都十分精细。档案上记载的匠役名称就有管工、管

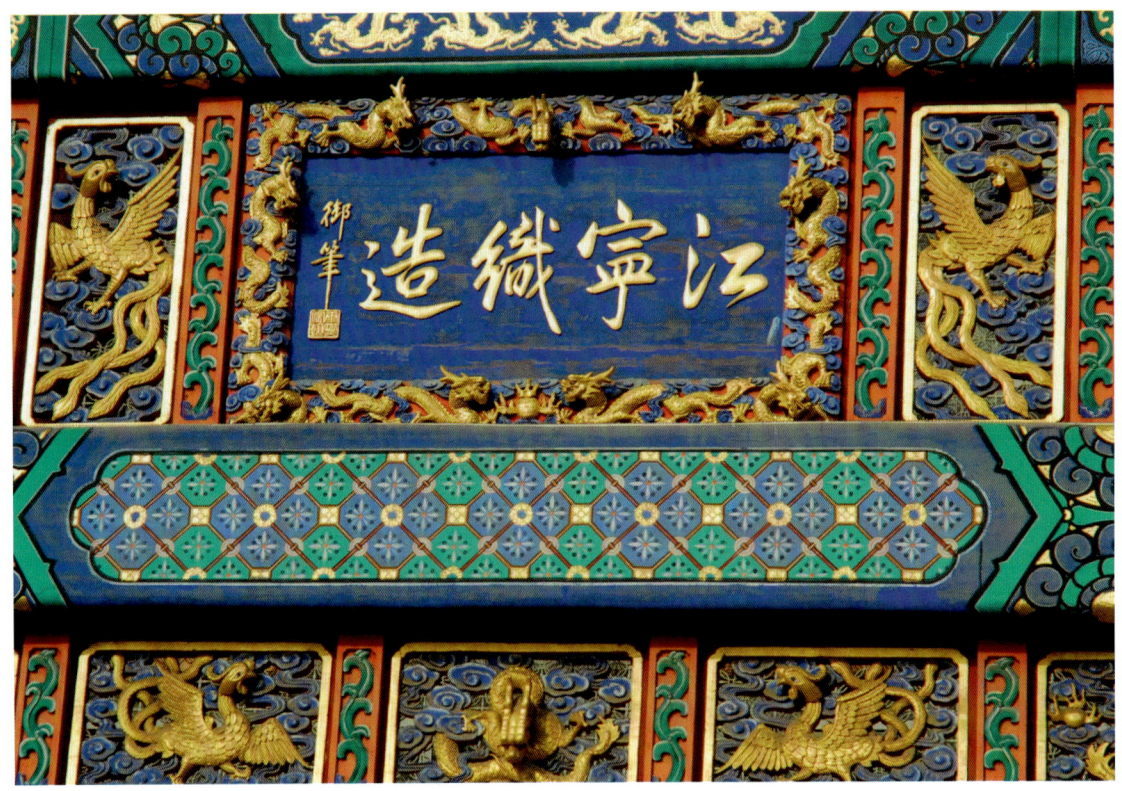

康熙御笔江宁织造

经纬、管扁金、管绒、管染、管料、管色绒、管段数、管花本、拣绣匠、挑花匠、倒花匠、结综匠、花素机匠、刷经纱匠、牵经接经匠、摇纺匠、打线匠、织挽匠、折缎匠等。从这些名目繁多的工种名称大体可以看出，在匠役中既有负责织造材料准备、织造工序管理、织物经线穿结，以及扁金和圆金的管理和花本编制等前期准备阶段的工匠，也有直接上机提综穿纬的织造机工和挑补刺绣的工匠。生产流程各个环节的工匠们都需严格执行各自的技术操作规程，在众多工种之间亦需密切协作配合，从而就保证了三织造产品的优良品质。

"江南三织造"规模之庞大可以用织机多、工匠众、品种丰、产量高来概括。据档案记载，康熙元年（1662），仅杭州织造局在生产了上用袍缎、宫绸、绫、罗、纱等共一千八百四十匹外，还生产了妆花缎、织金、宫绸、闪缎等二千二百九十匹，两项合计有四千一百三十匹之多。另外，从大臣们向内廷恭进的缎匹数量也可以看出三织造鼎盛时期的规模。据《内务府奏销档》和《密记档》记载，乾隆四十一年（1776）二月二十八日，苏州织造大臣舒文迎銮于南仓，"恭进各式二则八丝缎袍料四十件，石青素八丝缎褂料四十件，各色四则五丝缎袍料四十件，石青素五丝缎褂料四十件，各式素宫绸袍料四十件，石青官绸褂料四十件，各式春绸袍料四十件，石青色春绸褂料四十件，各式绉绸袍料四十件，共三百六十件"。同年三月初十日，舒文再次"恭进"大体相同的衣料三百六十件。杭州织造福海、江宁织造基厚"恭进"的品种和数量与舒文相同，每次均为三百六十件。而两淮盐政伊龄阿在同年三月初三一次"恭进"的纺织品就达三千件，计有"黄缎马褂料五百件，各式缎蟒袍料五百件，天青八丝缎褂五百件，各式八丝缎袍料五百件，天青八丝宁绸褂五百件，各式八丝宁绸袍料五百件"。短短六天以后，伊龄阿再次"恭进"各式袍褂衣料一千件。三织造之规模由此亦可见一斑。

清代三织造的督造官都是由皇帝钦点的，其官位可至二品。清代两百多年间，朝廷共派出织造臣两百多人，其中江宁织造臣七十三人，苏州织造臣七十多人，杭州织造臣八十五人。在这些织造臣中，有的兼任两地，有的连任两朝，更有的几代相传。据史料记载，曹雪芹之曾祖父以下三代四人，即曹玺、曹寅、曹颙、曹頫，从康熙二年（1663）至雍正五年（1727）相继连任江宁织造臣六十多年。

三织造所生产的宫廷服饰，均要按内务府画师的画样生产，其中的"上用"品还多由皇帝钦定传旨督造。在各织造局所织匹料的机头部位均要织上所谓的"织造款"，如"杭州织造臣盛桂""江宁织造臣高晋"等。服饰成品呈送进京时需备有进单，如"乾隆五十六年十月初八日杭州织造基厚恭进各色五丝缎袍料四十匹，满花杭绫四十匹，满花纺丝四十匹"。另外，凡三织造织成的制品在呈送宫中后都要进行严格的查验，凡查验不合质量要求的，轻则需补织赔偿，重则要对织造臣罚俸或鞭责。

清代三织造织机以及工匠的总量和配比，是随着生产规模的变化而不断调整的。但大体比例是一张织机配三四名工匠，如康熙二十五年（1686）时苏州织造局有织机八百张，工匠二千六百零二人；在清乾隆时期江宁织造（同治以后称江南织造）织机六百张，机匠一千七百余名，如再加上纺染匠人，共有匠役二千五百余人。

"江南三织造"的经费主要来源于政府工部和户部的拨款，其中工部约占百分之五十五，户部约占百分之四十五。从总体时间上看，织造局的实际费用呈递减的趋势。如雍正三年（1725）江南三局的实际费用为白银二十一万三千余两，嘉庆十七年（1812）则降至白银十四万两。经费减少的主要原因有两点：一方面，由于历朝的积累，到清中期时宫廷缎匹的库存已基本饱和，上用缎匹和赏赐缎匹等出现过剩，据说当时仅积存的杭䌷一项，就足可支百年之用。另一方面，清中期以后，由于外敌入侵、社会动荡等原因，清代统治日渐衰败，三织造整体生产规模进一步减小。从道光二十四、二十五年（1844、1845）起，江宁织造局和苏州织造局的生产已经处于严重萎缩和生产停顿的状态。到20世纪初的1904—1905年间，清代宫廷相继停止了向三织造派遣官员，"江南三织造"的历史就此结束。

（二）各具特色的织造局

"江南三织造"的产品各具特色，工艺各有所长。江宁织造长于宁绸、织锦，云锦是其独特的丝织品种；苏州织造多仿宋锦，并以刺绣、缂丝见长；杭州织造尤善轻薄丝织，以杭纺、杭绫为特长。《钦定大清会典》也载："凡上用缎匹，内织染局、江宁织造；赏用缎匹，苏杭织造。"

1. 江宁织造

江宁织造府位于今南京市中心大行宫地区，始建于顺治三年（1645），是清政府建立最早的专门织造御用和官用缎匹的官署。江宁织造所生产的丝织品种类比较齐全，主要可分为绸、缎两大类。绸可分为宁绸、宫绸、亮花绸；缎有素缎、暗花缎、锦缎等。

由江宁织造局生产的一种在花楼机上，以"挖梭"方法织成的重纬提花织物，因其色彩丰富、花纹艳丽、美若云霞而被称为"云锦"。云锦中的妆花是中国织锦技术最高成就的代表。妆花因其地组织的不同又可分为妆花缎、妆花绸、妆花纱等。由于先进的花本提花和通经回纬技术的应用，妆花织物不仅在纹饰上几乎可以随心所欲，所用色彩也可以多达几十种。由于大量金线的织入和晕色技法的广泛运用，使五彩缤纷、逐花异色、金彩辉映的妆花织物毫无疑问地成为中国丝绸中最艳丽、最华贵的品种，无愧于"织金妆花之丽，五彩闪色之华"的美誉。云锦是江宁织造所出产织锦的总称，除妆花外，还包括花缎（库缎）、织金（库金）、织锦（库锦）等品种。

宁绸（亦称为江绸）是江宁织造的另一种著名产品，它是一种相对较为厚实的斜纹组织丝织物。

在原址修建的江宁织造博物馆

2. 苏州织造

苏州织造以苏绣和缂丝见长。早在宋代时，苏州的刺绣就已经远近闻名，后来亦成为中国四大名绣（苏绣、湘绣、蜀绣、粤绣）之首。苏州织造集中了当地众多刺绣能手，以精美的苏式刺绣专门为朝廷制作服饰、幔帐、铺垫及陈设等丝织品。劈丝精细、针法多样、针脚平齐为清代苏绣的主要特点。

缂丝：缂丝亦称"刻丝"，是采用"通经断纬"的方法手工织成的丝织物，也是苏州织造最拿手的另一传统丝织品种。虽然缂丝的织制过程难度较大又比较耗时费工，但缂丝技术不仅在图案和配色上存在不可比拟的优势，而且织成后织物平整轻薄，纹饰犹如刻画上去的一般。缂丝不仅能织制服饰面料，还能织制复杂的绘画和书法作品。因此，缂丝也被认为是丝织品中最为高贵的品种之一。据史书记载和实物遗存来看，早在宋代，缂丝技术就已经相当成熟。在清代所生产的众多丝织品中，也唯有缂丝织物和妆花织物能够相互媲美。从生产难度来看，缂丝和妆花也不分伯仲，当年一个织工织成一件缂丝龙袍大约需要用两年左右的时间，而两个熟练的工匠织成一件妆花龙袍，也要在花楼机上干上一年。

宋式锦

苏州织造还出产一种传统织锦，这种锦因其质地厚重而被称作"重锦"，又因其多为几何纹的宋锦式样，而被称为"苏州仿宋锦"。仿宋锦按几何花团的大小而分为大锦和小锦，通常在几何图形内会填以传统的"八达晕""方胜""龟背""如意"等纹样。由于宋锦中的小锦常被用来裱糊囊匣，又被俗称为"匣锦"。

3. 杭州织造

杭州织造以织造绸、绫、纱、罗见长。杭州曾为南宋都城，丝织业历史悠久，有"丝绸之府"的美称。杭州向以织造轻薄、柔软的丝绸、绫纱等织物最为擅长。《钦定大清会典》也规定"纺丝、杭纺、宫绸项，派杭州织造承办"。

杭州织造所织的绸有多种，诸如纺绸、棉绸、茧绸等。纺绸即杭纺，也称为宫绸或春绸，因其轻薄柔软，在宫中多用纺绸做贴身衣裤。棉绸虽名棉却不是棉织品，而是一种较为粗制、相对厚重结实的丝织品。茧绸则是由柞蚕丝织成的绸，也称土绸或府绸。

杭州织造生产的绫被称为"杭绫"。按《说文·系部》载："织素为文者曰绮，光如镜面有花卉状者曰绫。"绫有素绫和花绫之分，素绫不织纹，花绫即在本色地上通过组织的变化起本色花。由于绫质地轻薄、光滑柔软，多用于制作夏装或作为衣里使用。

杭州织造还生产纱和罗。纱、罗织物柔软、透气，亦属于轻薄丝织物，同样是夏季最理想的服装面料。纱与罗二者最主要的区别是纱多为平纹组织，而罗是绞经组织。

二、花样繁多的织造品种

（一）锦

锦——一种以彩色丝线通过平纹、斜纹或缎纹并以多重或多层组织织成的花纹精美的丝织物。从织造方法上，既有以经丝显花的经锦和以纬线显花的纬锦，也有采用重经重纬组织的双层锦。

锦在我国至少已经有三千多年的历史，《释名·采帛》："锦，金也，作之用功重，其价如金，故惟尊者得服。"锦字从帛金声，足见古人把锦看成和黄金等价。早期的锦都是经锦，汉以前主要为二色或三色经丝轮流显花的经锦。包括局部施以挂经的挂经锦，具有立体效果的凸花锦和绒圈锦。自北朝至唐初时期，纬显花技术逐渐形成。由于纬显花技术在织纹及用色方面比经显花技术有较大的优越性，因此，它的出现标志着显花技术的一大进步，从而也使唐代以后的锦在题材、纹饰、色彩、工艺以及品种等方面都得到了较大的发展。宋代的宋锦、元代的"纳石失"织金锦，以及明清时期的云锦是我国各时期织锦成就的代表。

四川成都的蜀锦，苏州的宋锦以及南京的云锦为我国三大名锦。其中蜀锦历史最早，汉至三国间便开始在蜀郡（今成都周围）生产。初始全部为经显花，唐以后逐渐吸收一

彩鳞宝相花锦

部分纬显花技术。宋锦是在纬显花技术形成后并伴随着江南丝织业的兴盛而出现的。宋锦主要品种有大锦（重锦）、小锦（匣锦）等，多用于装裱名贵书画及制作锦盒。南京云锦是在元代"纳石失"织金锦的基础上发展起来的，云锦以其美似云霞的纹彩而得名，云锦中的妆花可代表我国织锦技术的最高水平。

（二）绫

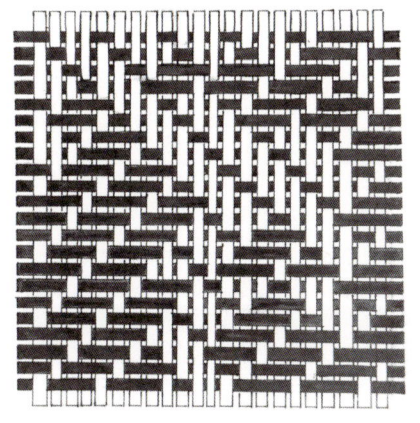

暗花绫组织结构

绫——一种在斜纹地上或变形斜纹地上，起斜纹花的中国传统丝织物。因其织物表面呈叠山形纹路，"望之如冰凌之理"，故得名绫。

绫产生于汉代以前，汉代用多综多镊机织造的"散花绫"已十分精美。三国时期马钧改革了绫机，从而使绫的纹饰从散花向复杂的人形、动物形发展。唐宋时期绫的生产极盛，设有官营的绫作、绫锦院。

王公官员及贵族大户都喜欢穿用绫制作的服装。这一时期的绫的品种也较多，如独窠、双丝、熟线、马头、马眼、鱼口、蛇皮、龟甲、镜花、柿蒂等。宋代的绫除用于服饰外，还大量用于书画经卷的封面装潢。明代以后织绫技术虽有所发展，织出了较为复杂的五枚经缎纹绫，但在绫的品种及产量方面呈减少趋势。

绫有素绫、花绫之分。素绫采用单一的斜纹或变化斜纹组织，素面无花。花绫一般为在斜纹地上起斜纹花的单层暗花织物。花绫的组织主要有异向绫和同向绫两种。异向绫的花、地组织循环数相同，但斜纹方向一左一右相反。同向绫的花、地组织斜纹方向一致，但组织循环数不同。另外，某些在外观和用途上和绫相近的缎类织物，亦被称为绫，如"花广绫""古花绫"。绫类织物质地轻薄、光滑、柔软。清代宫廷服饰中，绫主要用作各类袍服的里料，少量用于单、夹便服面料。

（三）罗

罗——全部或部分采用条形绞经组织的丝织物。由于地经与绞经的绞扭而在织物表面形成了有规律的条形绞纱孔。罗也有素罗及花罗（暗花罗）之分。按绞纱孔排列方向的不同，罗还可分为直罗和横罗。绞纱孔沿经向排列的称为直罗，绞纱孔沿纬向排列的称为横罗。在横罗中根据每两排绞纱孔之间所织入纬线数量的不同，又可分为三梭罗、五梭罗及七梭罗等。

从江苏吴中区草鞋山新石器时代遗址中出土的葛布，可以看出六千年前已经有了原始的绞织技术（在

五梭罗组织结构

早期的丝织物中，罗与纱在织物组织上并未区分）。在出土的商代丝织品中已有罗织物残片。到了春秋战国时期，罗织物已较为流行，在战国时期的楚墓中发现有大量的花罗。秦汉时期的罗则更加精美。在唐代的官营织造作坊中已设有专门的"罗作"。宋代罗织物最为盛行，已发现的品种有孔雀罗、菊花罗、宝相花罗等，这时仅每年为朝廷生产的贡罗就达十万匹以上，元代则生产出了销金绫罗、金纱罗等加金罗织物。明清时期，罗织技术不断提高。据《天水冰山录》记载，仅从明代大贪官严嵩家抄出的罗织物就有五十多个品种，共六百多匹。罗织物具有既紧密结实，又具有孔眼透气的特点。多用于夏季服装，亦可用作刺绣坯料或做其他服饰用品。

（四）绸

绸——绸为丝织品中的一大类。凡采用基本组织或混用变化组织而又无其他类丝织物特征、质地又较为紧密的丝织物都可以称为绸。在习惯上人们还将"丝绸"作为所有丝织品的代称。

绸最早见于记载是在西汉时期，当时写作"紬"，是一种粗丝平纹织物。两晋南北朝时期有一种叫作"绤"的绸。到了唐代，绸的品种有所增加，还成为宫廷的贡品。宋代以后，出现一种用精炼丝在平纹地上起本色花的暗花绸。到了明清时期，绸又有所发展，分别出现了一些冠以不同产地的著名绸品种，

江绸组织结构

如山西的潞绸，四川的川大绸，南京的江绸（宁绸）等。清代宫廷所用绸的品种中以江绸数量最多。素江绸一般为三枚二飞组织。暗花江绸多为三枚经斜纹组织地，五至六枚纬斜纹花。绸质地紧密坚固，属中厚型丝织物，多用于袍服面料。

（五）缎

缎——缎织物是织物"三原组织"（平纹组织、斜纹组织、缎纹组织）中最为复杂

的一种。其相邻的两根经线或纬线上的单独组织点，虽然是均匀分布但却又不相连贯。由于这种组织形成经线或纬线的浮线较长，多个交织点被浮线所遮盖，因而织物表面平滑匀整、手感柔软并富有光泽。

在汉代文献中已出现"缎"这个字，当时写作"段"。但因目前尚不能证明在当时已经出现了缎纹织物，故汉代文献出现的"段"很可能是作为丝织物的泛称。到了唐代，缎已经成为当时丝织物中的主要类别之一，与罗、锦、绫、纱、绸等并列，并有锦缎、绣缎、乌丝栏素缎等品种。两宋辽金时期缎织物逐渐增多，出现如五丝（五枚缎）、间道（条纹缎）、透背缎、拈金番缎、销金彩缎、细色北缎等。在出土的元代丝织品中已经有了五枚暗花缎。明清时期缎类织物则十分流行，其中就包括最为著名的妆花缎。明代以前的缎多为五枚二飞缎，清代开始八枚三飞枚缎应用较多。

缎有经缎、纬缎之分，并有花缎、素缎之别。依其组织循环数的不同，分别有五枚缎、七枚缎、八枚缎等。以经、纬缎组织的交替运用而形成花纹的称暗花缎。如果加以彩纬和金线显花，则可织成二色缎、闪缎、织金缎和妆花缎等。缎织物平滑光亮，柔软华贵，清代宫廷服饰中应用广泛。

织物组织中的"枚"和"飞"，分别是指其组织循环数和组织点的分布规律。如"五枚二飞"缎，五枚说的是组织循环数为五，若为经缎则一根经线要压四根纬线才与纬线交织一次；二飞则指从一个交织点向上数两根纬线，才在相邻的经线上出现另一个交织点。

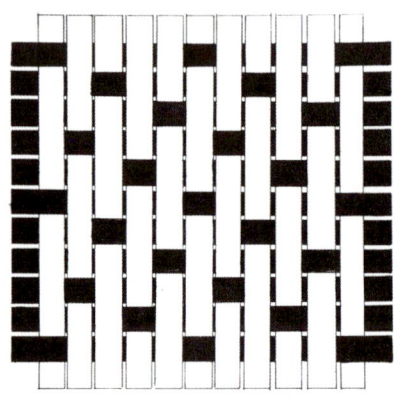

五枚二飞缎组织结构

(六) 纱

纱——纱是一种纤细、轻盈的平纹丝织物。在《周礼·天官·内司服》中就记载有"素纱"名目，初为"沙"（据说源于筛网上小孔可通过沙粒，纱织物亦有方孔，则得名"沙"）。长沙马王堆出土的一件素纱蝉衣，身长128厘米，袖长190厘米，而重量仅49克。说明西汉时期纱的织造已具有了高超的技术水平。唐宋时期纱的品种逐渐增多。到了元代开始织造织金纱。明清时期，平纹组织的实地纱仍为当时主要的丝织品种。除此，直径纱和芝麻纱因采用了绞织组织，在织物表面形成了均匀的纱孔（芝麻纱实际上是由于直径纱组织和实地纱组织的结合运用，从而在织物表面形成了类似芝麻粒状均匀分布的纱孔而得名）。纱类织物透气性较佳，是夏季服装的面料之优选。另外，纱类织物由于其纱孔的均匀分布还成为纳绣的首选坯料。

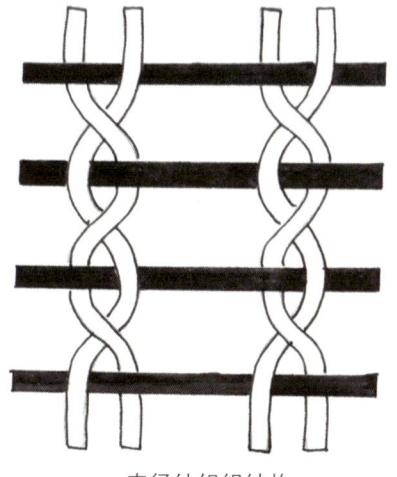

直径纱组织结构

(七) 漳绒

漳绒（漳缎、漳纱）——漳绒也称天鹅绒，因起源于福建漳州地区故名"漳绒"，是一种绒经在织物表面构成绒圈或剪成绒毛的丝织物。漳绒是在绒圈锦的基础上发展的，元代已经有一种称为"怯绵里"的著名剪绒织物。明代时，漳绒已大量生产。大约于清代康熙年间漳绒转至苏州、南京等地织造。由于成了宫廷定织督造，故康熙、乾隆年间漳绒织造技术达到全盛。

菊花纹漳绒

241

月白江山万代漳绒

漳绒是经起绒组织，故经线分为地经和绒经。这种起绒组织在织造时所用纬线不仅有地纬还要有起绒杆（即假织纬）。漳绒一般采用变化斜纹织组为地，每织入三四根纬线后，织入一根起绒杆。当织到相应的长度后，将织物取下放于平台上，逐一拔出起绒杆后，绒经即在织物表面形成一个个绒圈。接下来再以专用钢刀将所有绒圈全部割断使之呈绒毛状，即为素漳绒。若要制成花漳绒，则需要在绒圈表面先绘出花纹图案，然后以钢刀按所绘花纹将绒圈割断（也称雕花），从而形成均匀紧密的绒圈与细密浓簇的绒毛互相衬托，花地分明的花漳绒。另外，如果是在缎地用绒经提蕊，称为"漳缎"，在纱地上以绒经提花就是"漳纱"。

三、巧夺天工的工艺技法

（一）苏绣

苏绣——苏州地区的代表性刺绣，中国四大名绣之一。据刘向《说苑》记载，春秋时，吴人迎送使节的礼仪中，就有"绣衣而豹裘者"。现所见最早的苏绣实物，是五代至北宋初期的刺绣经袱。南宋以后，苏绣已渐趋成熟，在苏州城还出现了绣线巷、滚绣坊、锦绣坊、绣花弄等坊巷名称，可见其时刺绣之兴盛。至明代时，苏绣已分成日用品、欣赏品及戏衣三大类，三者同时发展。清代时的苏州已是"家家养蚕，户口刺绣"，绣女遍城乡的景象了。清代宫廷服饰及日用品上的刺绣绝大部分采用的都是苏绣，其中的多数由苏州织造局在当地督造后呈送皇宫，少量则由从苏州招募的刺绣匠人在京城制作。经过长期发展，到清代时，苏绣针法已达几十种之多，主要有平针、套针、戗针、平金、打籽、缉线、缉米珠等，并形成了平、光、齐、匀、和、顺、细、密的艺术特色，清代宫廷服饰上的刺绣多出自苏绣匠人之手，代表着当时苏绣日用品刺绣的最高水平。

打籽绣海水江崖

缉珠绣团龙补子

纳绣葫芦喜字荷包

（二）纳绣

纳绣——刺绣中一种传统针法，多单独使用，因纳绣都是在纱类织物上完成的，故常被称作"纳纱"，也有称之为"打点绣"的。在清代宫廷之中有不少采用了纳绣工艺的服饰及其他生活用品。为了方便按纱孔来逐行逐孔的戳纳，纳绣多采用纱孔明显和均匀的直径纱为地料。纳绣针法有正、斜一丝串、二丝串和长短串之分。其中所谓正与斜是以针脚与纬线垂直或成四十五度角区分。一丝串、二丝串是以每针所隔之经、纬线或交织点的数目确定。如正一丝串是每隔一根纬线垂直戳纳一针，斜一丝串是每隔一个交织点斜纳一针。长串是在一、二丝串（又称短串）的基础上，根据纹饰及色彩表现的需求，有规律地适当拉长针脚的针法。将长串与短串结合运用的针法就是长短串了。另外还有一种满地（不留地）纳绣几何型花纹的做法称作纳锦。纳绣作品的纹饰轮廓及色彩交界的斜面都呈梯形递进，细看时如几何（马赛克）效果，富有较强的装饰性。

（三）缂丝

缂丝——一种采用"通经回纬"的传统工艺方法用手工织造的丝织物。缂丝还写作"剋丝""克丝"或"刻丝"等。缂丝通常以本色丝为经，以彩色丝作纬，用多把小梭按事先描绘在经丝上的图稿挖梭织成。由于挖梭回纬，使地与花，色与色之间呈现出与经纬方向一致的断痕或小孔，以至"承空视之如雕镂之象"，故得名缂丝。缂丝的织造亦有悠久历史，在新疆楼兰汉代遗址中就曾出土缂毛织物，新疆

缂丝夔龙捧寿补子

吐鲁番阿斯塔那唐墓则发现有几何菱纹缂丝带。这表明至迟在7世纪中叶我国已掌握缂丝技术。到宋代时，缂丝技艺已达到了"随所欲作花草禽兽"的程度，并出现了朱克柔、沈子蕃等一些著名的缂丝艺人。

明清时期缂丝工艺水平进一步提高，尤其以苏州地区生产的缂丝最为精美。缂丝技术的应用可分为两类，一类为日用品，如服装、活计、包首等。另一类为艺术欣赏品，

多以名人字画为粉本摹织，高超的技艺使缂丝书画达到运丝如运笔的艺术效果，可真实地再现原作的风采。不论是日用品还是欣赏品，每一件缂丝作品往往都要经数月乃至数年才能完成。因此，世间有"一寸缂丝一寸金"之说。

（四）织金

织金——将黄金织入织物用以装饰纹饰的工艺称作织金。黄金虽华贵，但却是不能直接织入织物的。要想在织物中织入黄金，首先需要将黄金制成金线。织金要使用的金线有两种，即扁金（片金）线和圆金（捻金）线，这两种金线的制作都非常复杂。从黄金的熔铸、拍叶、下料、打箔、切箔、褙金、砑金，直到最后切成0.5毫米宽的扁金线，需经过十几道工序才能完成。如果是制作圆金线，还要先将预染成金黄色的丝线当作芯线并在涂上黏合剂后，再将扁金线金面朝外以螺旋方式缠绕于芯线之上制成。扁金线一面是黄金，一面是类似纸质的基质，用这种方法织成的织物，金光夺目，但织物的牢固度不佳，而且织造时必须保持扁金线不能扭转，要保

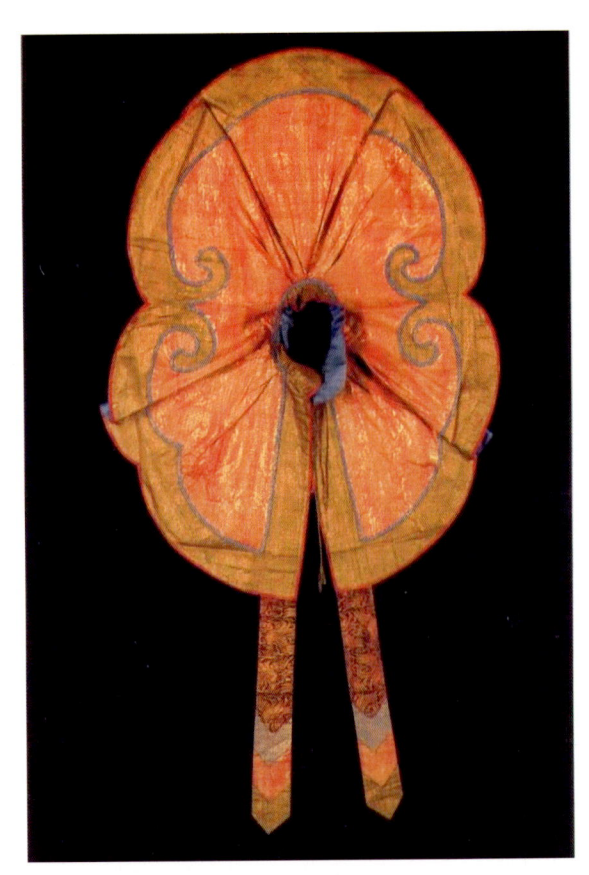

元代纳石矢佛衣披肩

证其黄金面一直朝上不出现"翻扁金"才行。用圆金线织成的织物虽相对于扁金线来说更加牢固耐用，但金色光泽与片金织物相比稍显暗淡。

我国将黄金用在织物上的历史很悠久，据推测，在战国时代人们就已经学会了在衣物中加入金来装饰，但当时所采用的方法应该是相对容易的印金方式。20世纪末，考古人员在对罗布泊地区营盘墓地出土的部分文物进行清理时，发现了我国最早的印金织物

四合如意云八宝八仙织金缎

标本，从而把这类印金实物的年代上推到汉晋时期。而成熟的织金技术应出现于唐宋，但因受原材料稀少昂贵、加工技术难度大以及时尚等各方面原因的影响，织金在宋以前一直未获大的发展。而元代时不仅将这种织金工艺继承延续，并且还引进了西域地区的技术和织工，将织金发扬光大，从而成为我国历史上织金的兴盛时期。元朝政府大量织造的一种称为"纳石矢"的织物，就是这一时期最为著名的织金锦。纳石矢为蒙古语音译，也译作"纳石失""纳赤思"。虞集《道园学古录》："纳赤思者，缕皮傅金为织文者也。"因纹样近波斯风格，故也有把纳石矢译为"波斯金锦"的。在清代宫廷服饰中有大量的织金织物，如织金缎、织金纱、织金绸等，在一些妆花等锦类织物中，也大量使用了金线。

（五）妆花

妆花——妆花是在花楼机上，以花本提综方法，采用多根彩纬挖梭技术织造的高级提花丝织物。由于采用挖梭技术，其构图与配色几乎可以随心所欲。历史上这种以彩纬挖梭显花的技术，最早曾经出现在汉唐丝织物上，在宋元时期亦有所发展。而挖梭技术真正得到迅猛发展和质的飞跃则体现于明清时期的妆花织物上。这个时期，在不断改进的花楼机上，一次可以编制出整匹布料的花本。同时，在一件织物上挖梭所使用的各种颜色的纬管可达三十多个。江宁织造局还沿袭元代织金锦的风格，运用大量的金、银线织成一种名为"金宝地"的满地织金并在金地上妆彩的花色品种，更加突出地显示了妆花织物色彩丰富、金彩辉映、绚烂富丽的特征。

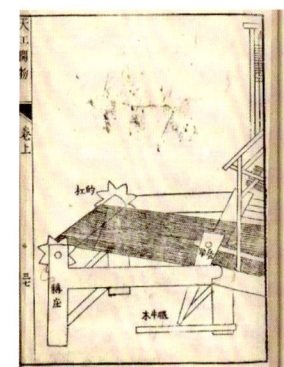
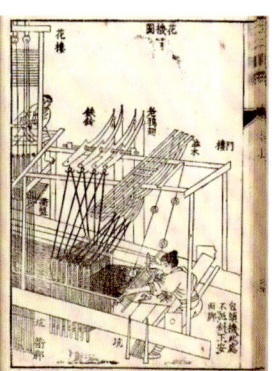
《天工开物》中的花楼机

妆花织物中的妆花缎、妆花绸、妆花罗、妆花纱等不同花色品种，是根据织物地组织的不同而划分的。如在缎地上提花就是妆花缎，绸地上提花就是妆花绸，依此类推。

妆花织物的织造要由一上一下两名机工在花楼提花织机上完成。上面的机工负责依花本顺序提综，下面的机工则负责投梭、过纬管和打纬，上下机工要默契配合才能完成妆花的织造。妆花织物是一种织

墨绿地勾莲八宝妆花缎

造技术非常复杂的丝织品，一对技术娴熟的织工，一天最多也仅能织二寸左右。明清时期的妆花是我国古代织锦技术最高成就的代表，也是反映清代宫廷服饰高贵华美的一种代表性丝织物。妆花织物深得清代帝后的喜爱。在清宫遗存下来的宫廷服饰和生活用品中，妆花织物所占颇多。

四、一览无余的制作全景

（一）完备的管理机构

清代宫廷服饰的管理由内务府负责。这是一个直接为皇帝家族服务和管理宫廷内部各项事务的专门机构，其内务府总管大臣官至正二品。内务府下设七司、三院等分支机构，人员最多时超过三千，足见其规模十分庞大。在七司之一的广储司设有缎库、衣库等六库，在六库之下又管辖有染作、衣作、绣作等七作，以及帽房和针线房等。广储司的主要职能之一就是负责查验、保管皇帝及宫内所需的四季衣物和绸缎等物。其中缎库专门收贮布匹、服装。衣作、绣作等负责对衣料进行裁剪、绣花和缝制。

（二）繁复的制作程序

宫廷服饰的制作程序繁复而严谨，早在顺治年间即规定："御用礼服及四时衣服、各宫及皇子公主朝服衣服，均依礼部定式，移交江宁、苏州、杭州处织造恭进。"宫廷服饰制作的程序大体是这样的：首先要由礼部拟定服饰及缎匹的式样、质地、颜色和所需数目，并计算出各道工序所需工料等，奏请皇帝批准。再由宫廷如意馆画师，依照经过

皇后无水八团龙袍图样

皇帝审阅的礼部所呈服饰的定式，精心绘制出彩色的服饰图样并由总管太监呈皇帝御览。皇帝阅后会在服饰图样上附上皇帝钦准的圣谕黄笺，然后该图样才能由内务府发往相应的江南织造局按样进行织造。等到整份衣料完工或整件成衣织制完成后，再由各织造局包装妥当后呈送北京紫禁城，由内务府广储司缎库的官员严格审验后才能入库。

由宫廷如意馆绘制的图样是清代宫廷服饰加工的依据和验收的标准，服饰的款式、纹饰、用料、尺寸等信息都包含在图样当中。因此，图样绘制时不仅要求配色、纹饰要准确，其相关文字标注也要十分清晰。如某件皇帝冬朝袍图样上就签注有："此件系缘海龙朝袍，所画海龙处须留原身地尺寸，以备京内绷做海龙。"明确要求江南织造在织造这件衣料时要留足相应尺寸，以便于送京时能够顺利完成后期加工。北京故宫博物院收藏有清代宫廷各类服饰图样三千四百余件，这些图样可与故宫收藏的清代宫廷服饰实物相互对照和印证，不失为研究清代宫廷服饰难得的珍贵资料。

服饰图样经皇帝阅批后，接下来要由内务府将图样分别发往江南的三个织造局，严格按照图样要求来织制。三个织造局在织造工艺和织物品种上各有特色和分工，江宁织造局以织造江绸和云锦最拿手。苏州织造局以织造宋式锦、苏绣及缂丝最为著名。杭州织造局则以织造绸、绫、罗等轻薄素色织物和暗花织物最为擅长。

据清宫《内务府奏销档》和《内务府造办处各作成做活计清档》等档案记载，清代皇帝曾敕谕多次要求官局所织缎匹"务要经纬均匀，阔长合适，花样精巧，色泽鲜明"，由此可以看出朝廷对三织造产品的质量要求是极为严苛的，如遇质量不合格，轻则须补赔，重则要罚俸甚至鞭笞。据《内务府·库藏》记载："乾隆三十八年奏准：'三处织造解到缎匹，如上用缎匹内挑出不堪应用一二匹者，著落补织，不准开销；三匹以上者，补织不准开销外，将该织造严加治罪。官用缎匹如挑出不堪应用十匹以内，著落补织，不准开销；十匹以上者，补织不准开销外，仍将该织造议处。'"另据《内务府奏案》记载："雍正五年闰三月二十九日，奏事员外郎张文彬等传旨：'朕穿的石青褂落色，此缎系何处织造？是何官员、太监挑选？库内许多缎匹，如何挑选落色缎匹做褂？现库内所有缎匹若皆落色，即是织造官员织得不好，倘库内缎匹有不落色者，便是挑选缎匹人等有意挑选落色缎匹，陷害织造官员，亦未可定。将此交与内务府总管等严查。钦此。'"后经内务府官员"逐一查看，俱皆落色"，并查明这批落色的缎匹皆系江宁织造所送来。为此，江宁织造员外郎曹𫖯受到了罚俸一年的严厉处罚，库使张保生等受到了鞭责五十的处罚。

（三）严格的检验制度

乾隆皇帝对于宫廷帝后所用服饰的规格、式样、用料、颜色、图案等都要亲自关注。乾隆九年（1744）曾规定，凡经钦派三织造承做的活计，均应建立严格的检查制度。成品送到后，要分别呈交管理内务府的亲王或指定的官员验看。其中特别重要的，还要进呈皇帝"御览"。据档案记载，乾隆十二年（1747）二月，"七品首领萨木哈，将两匹苏州织造局所织松竹梅锦，交太监胡世杰呈进宫中。乾隆看后批曰：'此松竹梅锦颜色深了，著照先发去纸样上颜色深浅，再织造二匹送来。钦此。"另据《内务府档册穿戴档》记载：乾隆二十一年（1756）十一月二十三日，太监如意传皇帝旨："现穿袍身长多大尺寸？"总管马国用、首领陈琎等随应奏："现穿袍身长四尺一寸五分，后身长四尺二寸五分。"

明黄色缎绣葡萄蝶氅衣料

如意据此奏报乾隆。随后如意传旨："现穿袍短些，前后身俱放一寸。钦此。"可是，刚过了半年，乾隆二十二年（1757）五月初六又传旨："现穿单纱袍长，此着去五分。随改做得原前身四尺二寸五分，后身长四尺三寸五分，现今去五分，前身长四尺二寸，后身长四尺三寸。"足见乾隆皇帝对自己所穿服饰的要求是十分严格和苛刻的。

凡三织造织制完成的整匹绸缎、整份衣料（衣料是指：根据服饰图样，遵其色彩及纹样完成绣制，或按实际尺寸将服饰各部位经过合理分解和套排，经编制花本后在织机上织出整件衣服的匹料）以及其他各类服饰材料，均要盛放于专门的衣料盒中后呈送京城，在这些衣料盒上会标示有这件服饰的名称、所属织造局、织造大臣、织工以及验收官员等相关信息。此后，已经入库的服饰材料中的一部分会根据帝后的实际需要转送到皇宫内养心殿造办处的裁作、绣作、衣作等处，分别对材料、衣料进行裁剪、刺绣和缝制等。在所有工序完成并经过验收后，每件服饰成品上还要再标注上宫廷内相关制作及验收人员的姓名，以备查验。严苛的查验制度保证了宫廷服饰产品的优秀品质。

由于"江南三织造"不仅集中了当时全国最先进的丝织机具和最优秀的丝织工匠，而且在制作上始终坚持精益求精及不惜工本，在产品上务求珍贵奢华和花样出新，再加上完善的管理流程和严格的检验制度，使得由"江南三织造"制作的宫廷服饰和其他宫廷丝绸日用产品，无论是工艺质量，还是花色品种都能够代表清代织造技艺的最高水平。

"上用龙袍"衣料盒

红木雕曲水万寿衣料盒

"珍珠龙袍"衣料盒

第四章

多姿多彩的清代宫廷服饰纹样

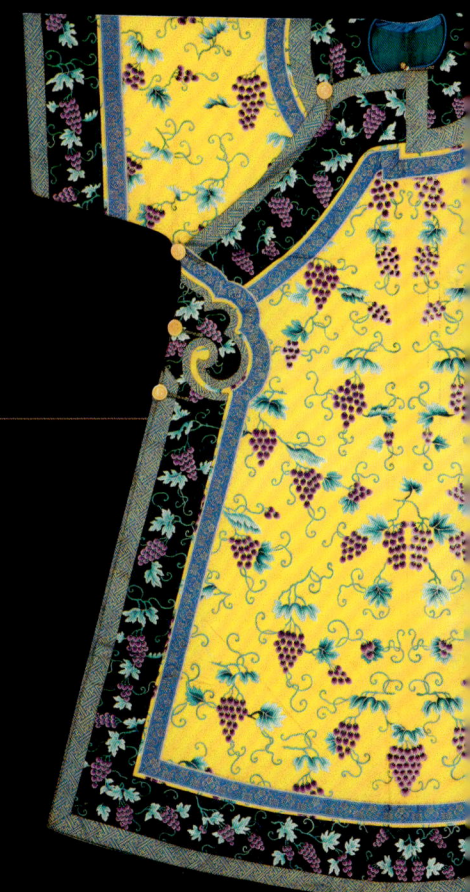

在已知的人类历史遗存物上，很少有一种载体能够达到像服饰那样，拥有极其丰富和广泛的纹样题材及内容的，服饰上的纹饰承载着深厚、完整、博大和丰富的历史文化。清代宫廷服饰是我国历史上服饰文化的制高点，反映在清宫服饰上的以纹饰为主的所有文化符号正是当时社会政治、经济、思想、道德、信仰等方面的综合体现。

清代宫廷服饰上的纹饰题材非常广泛和丰富，其中动物题材的有龙、凤、狮子、麒麟、仙鹤、蝙蝠、蝴蝶、禽鸟、草虫、五毒（蛇、蝎、蜈蚣、蟾蜍、壁虎）等，花卉题材中常见的有牡丹、菊花、水仙、荷花、兰花、月季、绣球、海棠、梅花等，其他传统题材的有古钱、汉瓦、寿字、万字、回纹、缠枝莲等。

明清时期吉祥语图案颇为流行，此类题材在清代宫廷服饰上占有很大比重。如双蝶相对意为"喜相逢"，五个蝙蝠簇拥一个寿字或桃子为"五福捧寿"，鲇鱼和石磬的组合为"年年吉庆"或"吉庆有余"，牡丹（又称富贵花）与玉兰、海棠组合在一起为"玉堂富贵"，菊花也称寿菊，它与灵芝、水仙、竹子放在一起意为"灵仙祝寿"，一只灯笼加上五条谷穗意味着"五谷丰登"。另外还有诸如"四合如意""八仙庆寿""福寿三多""江山万代""福寿同圆""鹤鹿同春"等，不胜枚举。这些吉祥图案题材从一个侧面表现出当时人们祈盼吉祥、幸福、富裕、丰收、长寿等的美好愿望。

一、以动物为题材的纹样

（一）龙

龙——古代传说中一种善于变化，能兴云雨、利万物的神异动物。据《说文解字》载："鳞虫三百六十，而龙为之长。能幽能明，能细能巨，能短能长，春分而登天，秋分而入云。"龙可以水中游，云中飞，路上行，呼风唤雨，行云播雾，司掌旱涝。《礼记》载："麟、凤、龟、龙谓之四灵。"龙起源于原始社会的图腾，其形象是经长期的演变到汉代时才基本定型的。宋代画师们总结出了"画龙者折出三停，分成九似"的口诀。三停即自首至膊，自膊至腰，自腰至尾。九似为角似鹿，头似驼，眼似鬼，项似蛇，腹似蜃，鳞似鱼，爪似鹰，掌似虎，耳似牛。这是历史上对龙纹较详细的描述，可见宋代时，龙的形象已十分完备。

龙有如此之神灵，使得历代最高统治者均自称龙子以别凡人，并借以宣扬"天人合一，君权神授"的思想。在封建社会，龙不仅与封建皇帝的统治紧密地联系到了一起，其本身也成了皇帝的象征。

在清代帝后的服饰上，龙纹随处可见。其中，在礼服及吉服上，龙纹更是其主体纹饰，而且，帝后吉服直接就称为龙袍、龙褂。在清代宫廷服饰中，正龙为最尊，行龙次

缉米珠珊瑚珠绣团正龙补子

之（正龙即龙首为正面，行龙则龙首为侧面，似向前行走状）。另外，若龙首在上，龙身在下的称升龙，龙首在下，龙身在上的叫降龙，龙身完全直立的称为立龙。还有一种无鳞或变换形态的龙称为夔龙。在清代服饰制度中规定，吉服当中，只有皇帝、后妃们才可穿龙袍，自皇子以下王公百官只能穿蟒袍。皇帝是真龙天子，龙纹也就自然为其独享，其他人不得使用，即便被赐用也要改龙为蟒，并常减去一爪。龙、蟒之分是封建等级制度的产物。而实际上，不论是从服饰制度还是服饰实物上看，龙纹与蟒纹在许多情况下是很难区分的。一般来说龙是五爪而蟒为四爪，但清宫里皇子及亲、郡王等的蟒袍上常常都是五爪蟒，在外形上与龙也没有区别，只是叫法不同而已。

龙的形象显然在汉代时已经基本定型，但从汉代一直到明清，龙纹却没有停止变化。因而，每个时代的龙纹在大体相似的情况下又都各具特色。即便是清代，在早期、中期和晚期的宫廷服饰中，龙纹也呈现出细微的差别，有经验的人经细心观察后，仅凭龙纹的这些差别即可判断出一件清代宫廷服饰的大致年代。

（二）凤

凤——也称作凤凰，是古代传说中的一种神鸟，其中雄性称凤，雌性叫凰，简称为凤。凤凰图案起源较早，初为氏族图腾崇拜。据《山海经》记载："丹穴之山……有鸟焉，其状如鸡，五彩而文，名曰凤凰。首文曰德，翼文曰义，背文曰礼，膺文曰仁，腹文曰信。饮食自然，自歌自舞，见则天下安宁。"因而凤凰又被视作"祥瑞仁义之鸟"。凤凰号称百鸟之王，在中国古代流传有百鸟朝凤的故事。凤凰的形象同龙一样也经历了一个不断演变完善的过程，到宋代时凤凰的外形基本定型为锦鸡的头，鹦鹉的嘴，鸳鸯的身，仙鹤的足，鹰的爪，大鹏的翅膀和孔雀的羽毛。另有一种变形凤纹称"夔凤"。

在封建社会，皇帝被称为真龙天子，而他们的后妃则被视作凤凰。如同与皇帝有关的服饰、生活用品都要用龙纹来装饰一样，在后妃的许多服饰及生活用品中则都用凤纹来装饰。

缉线绣凤穿牡丹补子

杏黄色团凤灯笼妆花缎

（三）麒麟

麒麟——麒麟是中国古代神话传说中的一种性情温和，寿命可达两千年的神兽。古人认为，凡麒麟出没处，必有祥瑞。有时，也用麒麟来比喻才能杰出、德才兼备的人。

古人把麒麟中雄性称麒，雌性称麟。在汉族民间曾传说：天地诞生之初，飞禽以凤凰为首，走兽以麒麟为尊。又说，混沌初开有禽王凤凰和兽王麒麟。在清代官员品阶中，麒麟是用在武一品补服上的瑞兽。

（四）仙鹤

仙鹤——历史传说中的仙鹤，实际就是丹顶鹤。丹顶鹤是鹤类中的一种，是生活在沼泽或浅水地带的一种大型涉禽，常被人冠以"湿地之神"的美称。丹顶鹤体长约120～160厘米，翼展可达240厘米，体重约10千克。全身几纯白色，头顶裸露无羽、呈朱红色，额和眼睑微具黑羽，眼后方耳羽至枕白色，颊、喉和颈黑色。丹顶鹤寿命一般可长达五六十年之久，虽然与生长在高山丘陵中的松树毫无缘分，但是由于鹤寿命相对较长，所以人们在绘画时还是常把它和松树放在一起，构成"松鹤延年"的寓意。

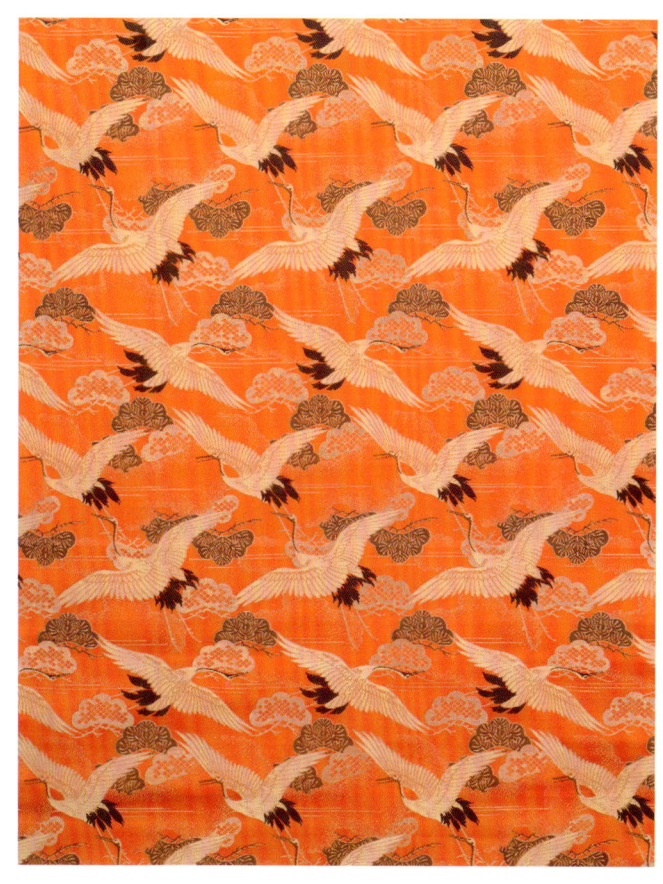

杏黄地松鹤纹织金锦

早在两千多年前的河北满城汉墓出土的漆器上，就清晰地绘有丹顶鹤的图案。明代和清代更是赋予丹顶鹤以忠贞清正、品德高尚的文化内涵。丹顶鹤在中国历史上还被公认为是一等的文禽。在明、清文官的补服上，一品文官身上补子所绣正是丹顶鹤。

在清代宫廷服饰中，仙鹤成为仅次于皇室专用的龙、凤之外的最高等级官阶的标识。因而，人们也称仙鹤为"一品鸟"，把其作为高官的象征。仙鹤还成为许多吉祥语图案的主角，一幅仙鹤立在潮头岩石上的画面，取"潮"与"朝"的谐音，便象征着官至宰相而"一品当朝"；描绘仙鹤在云中飞翔的画面，象征着"一品高升"；如在仙鹤飞翔的背景上还有一轮初升的太阳，则寓意着"指日高升"等。

（五）鱼

年年吉庆（吉庆有余）——年年吉庆和吉庆有余也是清代服饰上常出现的吉祥语图案，年年吉庆是由两条鲇鱼和磬组合而成，取鲇之"年"音，磬之"庆"音，两条鲇鱼，自然成"年年吉庆"。"鱼"与"余"同音，磬和鱼的组合即是吉庆有余。鱼形图案反映着人们企盼富裕的美好愿望，故而以鱼的形象作为装饰图案历史悠久，在原始社会后期的彩陶、商周时期的青铜器及玉佩上均屡见鱼形纹。鱼纹用于丝织品也很悠久，在宋代还出现一种以鱼和水草作纹饰的"鱼藻锦"。

吉庆有余绣片

（六）蝙蝠

蝠与福同音，故用蝙蝠组成的图案有很多。如蝠与古钱、寿字、磬、如意、鱼、海棠、盘长、万字等图案元素，分别可组合成"福在眼前""福寿有余""福寿如意""福庆如意""福寿满堂""福寿绵长""万福万寿"等，不胜枚举。

五福捧寿——福和寿都是古人最常用的祝辞。《韩非子》："全寿富贵之谓福。"古人亦有五福之说："一曰寿，二曰富，三曰康宁，四曰修好德，五曰考终命。"《庄子·盗跖》载："人，上寿百岁，中寿八十，下寿六十。"捧寿即献寿、祝寿的意思。五福捧寿的图案由五只蝙蝠及一个寿字（或寿桃）组成，寓意祝福人们福寿双全。此图案在清织绣服饰品中常见。

五福捧寿图案

缂丝福庆如意

二、以植物为题材的纹样

(一) 四君子

  四君子——梅、兰、竹、菊（梅花、兰花、翠竹、菊花）是古人尊崇的花中"四君子"。古人把具有很高道德修养的人称为"君子"，同时认为梅、兰、竹、菊虽为花草却同样具有傲、幽、澹、逸的高尚的品德，好比人中"君子"。梅花在漫天飞雪的隆冬盛开，不畏严寒、傲霜斗雪，象征君子威武不屈，不畏强暴；兰花独处幽谷，喜居崖壁、深谷幽香，象征君子操守清雅，遗世独立；竹子虚怀若谷，中通外直，清雅靓丽，象征君子谦逊虚中，高风亮节；菊花在深秋绽放，顶风傲霜，潇洒飘逸，象征君子隐逸世外，不陷污浊。

  由此看来，虽然梅、兰、竹、菊本身就表现出了各自独特的自然美，但更为重要的是古代的文人墨客、隐逸君子往往把人格力量、道德情操等丰富的文化内涵都倾注到"四君子"之中，并通过"四君子"托物言志、寄情抒怀，标榜洁品雅好和对高尚道德的景仰与追求。这便是自古以来清雅淡泊的"四君子"为什么一直为世人所钟爱的原因。

（二）灵仙祝寿

灵仙祝寿（灵仙贺寿、灵仙庆寿）——我们现在所知灵芝不过就是自然界中生长的一种菌类。但古人认为灵芝有长生不老、起死回生之功效，故尊奉其为"仙草""瑞草"。《文选·西京赋》载："浸石菌于重涯，濯灵芝以朱柯。"《晋书》载："神石吐瑞，灵芝自敷。"在清代宫廷服饰中，以灵芝为题材的装饰图案很多，而且图案构成很灵活。如将灵芝、水仙、竹子与寿石或菊花、寿字组合在一起，即为"灵仙祝寿"，如将灵芝、水仙、仙鹤和菊花组合在一块就是"灵仙贺寿"。如果在一个图案里包含了灵芝、水仙、磬和菊花的话，便是"灵仙庆寿"了，如此类推。总之，这类图案表达的是祝福长寿的美好愿望。

蓝色彩织灵仙祝寿锦裱片

红缎绣牡丹蝶

（三）玉堂富贵

玉堂富贵——被誉为"国色天香"的牡丹，历史上一直被视为美好、富贵的象征。牡丹花又称"富贵花"。玉堂，古时则泛称富贵之家也，古有"徜徉中庭，北上玉堂"之语。玉堂富贵图案由玉兰、海棠、牡丹组成，也称满堂福贵，如果图案中同时有牡丹、菊或寿石的话则题为富贵长寿。

（四）瓜瓞绵绵

石青缎绣瓜瓞绵绵

瓜瓞绵绵——出自《诗·大雅·绵》："绵绵瓜瓞，民之初生，自土沮漆。""瓞"即小瓜，古人认为瓜始生时虽小，但只要其蔓不绝，便会逐渐长大，而且会不断地绵延滋生。瓜瓞绵绵的词面意思是，在一根连绵不断的瓜藤上结满了大大小小的瓜。古人常用瓜瓞绵绵来祝颂人丁兴旺、子孙昌盛。传统的"瓜瓞绵绵"图式有两种，一种是仅为瓜连藤蔓枝叶，另一种还要在此之上加上蝴蝶图案，取"蝶"与"瓞"同音，两种图式寓意是一样的。瓜瓞绵绵图案在清代最为盛行。

三、以人物和吉祥语为题材的纹样

（一）婴戏图

婴戏图——是历史上中国人物画中一种以专门描绘儿童游戏为内容的画作。因以孩童为主要绘画对象，表现的是童真童趣，所以画面生动活泼，孩童顽皮可爱。

这类题材虽被称为"婴戏图"（也称"戏婴图"），但名为"婴"，实为"童"。婴戏图最早出现在唐代长沙窑瓷器上。到了宋代，婴戏图已经成为极受欢迎的题材。明清时期是婴戏图的鼎盛期，幼童的数量从简单的描绘数个，发展到多达数十甚至上百个。画面中的儿童玩耍嬉戏、千姿百态、神态各异、妙趣横生。习惯上人们将众多孩童一起嬉戏的画卷称作"百子图"。

婴戏图寓意着多子多福、连生贵子、五子登科、百子千孙等美好的生活愿望。由于婴戏图内容生动和寓意美好，这种原本出自绘画的题材不仅通过刺绣用在清代宫廷服饰和日用丝绸品上面，还经常被描绘于瓷器或雕刻在玉石等不同材质上。

（二）八仙（暗八仙）

八仙（暗八仙）——"八仙"是我国古代神话传说中的八位神仙，原有多种说法，散见于唐、宋、元、明的文人记载，至明代《东游记传》才将其定型化。这八位仙人分别是铁拐李、汉钟离、张果老、何仙姑、蓝采和、吕洞宾、韩湘子、曹国舅。

铁拐李为八仙之首，据记载其姓李名玄，学道于太上老君。得道之后，灵魂可离体而神游，一次神游时其躯体误被弟子火化，使其神游回来后无所依归，乃附于一饿殍之躯，遂变成一蓬头垢面袒腹跛足的行乞模样。原饿死者的竹杖点化为铁拐，由此被称为"铁拐李"。随身背有一葫芦，神通广大。

汉钟离又名钟离权。原为汉朝大将，因受铁拐李点化，不贪图人间富贵，三次辞驾入深山学道，炼就一把温凉扇，能扇天摇地。

蓝采和真姓无考，传说其常穿破衣烂衫，行乞于闹市，乘醉而歌，后乘鹤而去。他苦心修炼，历尽艰难，用八块云玉板挨门唱喊，惟此宝神通广大，变化无边，在八仙图中他常手持一竹笛。

张果老，传说为蝙蝠精所变，年纪高迈，受道于铁拐李。常倒骑一小黑驴，日行数百里，休息时将其驴折叠，藏于箱中。炼成一鱼鼓筒，声音震天。

何仙姑，八仙中唯一的女仙，唐代零陵人，相传她十四五岁时，含云母粉而成仙。也有说她年轻时别父母，绝婚配，立志不嫁，心刚志坚。后遇铁拐李、蓝采和的点化，即行动如飞，遂成仙。炼一把竹笊篱水火不沾。八仙图中有时手持莲叶。

葫芦

温凉扇

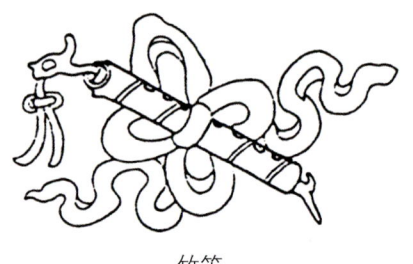

竹笛

鱼鼓筒

吕洞宾，姓吕，名岩，字洞宾，号纯阳子。因考进士不中遂云游成仙。关于他成仙的故事很多，如"江淮斩蛇""岳阳弃鹤""客店醉酒"等。他步履轻捷，顷刻百里，炼就一口阴阳宝剑，常斩妖除奸。

韩湘子，相传为韩愈侄孙。《韩仙传》载："湘子欲度其叔韩愈，愈斥为异端不从。"年轻时即弃家从吕洞宾学道。成仙后用空樽能造酒，聚土即开花。持一个花篮，内藏奇宝无数，法力无边。

曹国舅，其原型为宋代国舅曹佾。因其弟仗势欺人，恐受牵累，遂散财济贫，入山修道，由汉钟离、吕洞宾引入仙班，炼一支七洞箫，吹动乾坤。在八仙图中曹国舅有时持一阴阳板。

关于八仙的传说历史上很多，有的还写入文学作品，其中"八仙祝寿""八仙过海"流传较广，八仙题材在壁画、建筑彩绘、绘画、陶瓷及织绣品中

莲叶

宝剑

花篮

阴阳板

大红色八仙富贵妆花缎

269

都有表现。人们还将八仙手持之宝物,即铁拐李的葫芦、汉钟离的温凉扇、蓝采和的竹笛、张果老的鱼鼓筒、何仙姑的竹笊篱(或莲叶)、吕洞宾的宝剑、韩湘子的花篮、曹国舅的阴阳板,合称为暗八仙。清代宫廷服饰中,八仙纹(主要是暗八仙纹)的应用很广泛,并常与菊花、竹子、牡丹、石磬等组合成"八仙祝寿""八仙庆寿""八仙富贵"等。

(三)海水江崖

海水江崖——也称海水江牙,图案由海水及山崖组成。下面是涌动的海水及掀起的浪花,中间是一座被浪花簇拥的凸起山峰。

关于海水江崖还有一个美丽的传说。古代,在位于东海的一座山中,住着一位美丽温柔,身体光滑如玉、肌肤洁白似雪的仙女。这个仙女不需要吃任何食物,仅靠空气和露水便能长生。同时,她不仅可以使凡间的人们长寿,还将智慧和力量传授给人们。海水江崖纹正是表现了人们祈求长寿、智慧和力量的美好愿望。除此之外,海水江崖纹中

缂丝海水江崖

所表现的海水和山峰，有亘古不变、江山永固和一统天下的含义。故也被用来喻示统治的牢固与长久。

海水江崖纹中的海水有"平水"和"立水"之分。平水即水波纹为横曲线，立水即水波纹为斜曲线，清代宫廷服饰上最常见的海水江崖纹是平水与立水的结合运用，立水在下而平水在上。海水江崖纹在清代宫廷服饰中的应用非常多，其与万字、飘带组合形成吉祥图案"江山万代"。在礼服类及吉服类中的大多数袍、褂的下幅都会施以海水江崖纹。

（四）"卐"（万字）

"卐"（万字）——"卐"原是古代的一种符咒、护符及宗教标志，通常被认为是太阳或火的象征。"卐"字在大梵文中作"室利靺蹉"，意为吉祥之所集。佛教上认为其是释迦牟尼胸部所现的"瑞相"，并且是"万德吉祥"的标志。武则天在长寿二年（693）定此字读音为"万"。"卐"不分正反，一般写作"卐"，有时亦

清宫服饰上的斜万字衣边

写作"卍"。据《大方广佛华严经》《如来十身相海品第三十四》云："卐字相轮，以为庄严，放大光明，普照世界。"又云："如来胸臆有大人相，形如卐字，名吉祥云海。""卐"字因其音、意都象征着吉祥，故在各类纹饰中广泛应用。在清代服饰中，"卐"有时单独使用，有时将其设计成连续不断的图形，并有正万、斜万之分，这种纹饰也被称为曲水纹。万字曲水纹借卐四端延展、连续反复而绘成各种连锁花纹，意为绵长不断，多作图案的底纹，或用来做衣边镶饰。

（五）三多

三多——三多说的是多子、多富、多寿，其图案由石榴、佛手和桃子组成。石榴内多子故喻多子孙，佛手中的佛音近于"富"喻多富贵，桃子又叫寿桃寓多长寿。

三多图案，来源于古代一个叫作"华封三祝"的故事。据《庄子·外篇·天地》载："尧观乎华，华封人曰：'嘻，圣人。请祝圣人，使圣人寿。'尧曰：'辞。''使圣人富。'尧曰：'辞。''使圣人多男子。'尧曰'辞。'封人曰：'寿、富、多男子，人之所欲也，女（汝）独不欲，何邪？'尧曰：'多男子则多惧，富则多事，寿则多辱。是三者非所以养德也，故辞。'"说的是有一天尧到华（今陕西境内华县）去视察，华的封

粉色地古钱纹三多寿字妆花缎

人（管理地方的小官）见尧到来，便上前向其祝贺曰："愿圣人多寿、多富、多子孙。"尧听了以后连忙摆手说："不敢、不敢，多男子还要多为他们操心，多富就要多出许多麻烦事，多寿则要多遇不如意的耻辱。"后来华封人继续对尧说："天生了人，必要给他们事情去做，如每个男子都有事情做，有什么可担心的呢？把富裕分给大家，大家都富裕起来有什么麻烦的呢？天下安乐，便人民同乐，天下不安，便努力修德，这样即使到了千岁归天去了，还有什么耻辱呢？"华封三祝的美谈在后世广为流传，并以三多图案祝福人们多寿、多富、多子。

（六）七珍八宝

七珍八宝——七珍，又称七宝，即七种藏传佛教所供奉的珍奇宝物。它们是：金轮宝、主藏宝、大臣宝、玉女宝、白象宝、胜马宝和将军宝。

八宝又称八吉祥，是佛家常用的象征吉祥的八件供器。由法螺、法轮、宝伞、白盖、莲花、宝瓶、金鱼、盘长组成。据佛经说："法螺，佛说具菩萨果妙音吉祥之物。法轮，佛说大法圆转万劫不息之物。宝伞，佛说张弛自如，曲复众生之物。白盖，佛说遍复三千净一切药之物。莲花，佛说出五浊世无所染之物。宝瓶，佛脱福智圆满，具完无漏之物。金鱼，佛说坚固活泼，解脱襄劫之物。盘长，佛说回环贯彻，一切通明之物。"

法螺

法轮

宝伞

白盖

莲花

宝瓶

金鱼

盘长

墨绿地勾莲八宝妆花缎

　　法螺表示佛音吉祥，遍及世界，象征好运常在。法轮表示佛法圆轮，代代相续，象征生命不息。宝伞表示覆盖一切，开闭自如，象征保护众生。白盖表示遮覆世界，净化宇宙，象征解脱贫病。莲花表示神圣纯洁，一尘不染，象征拒绝污染。宝瓶表示福智圆满，毫无漏洞，象征取得成功。金鱼表示活泼健康，充满活力，象征趋吉避邪。盘长表示回贯一切，永无穷尽，象征长命百岁。

　　虽然八宝为佛教供器，但它所代表的"万劫不息""曲复众生""出污不染""福智圆满""一切通明"等美好的寓意，使人们将其视作吉祥的象征，因而八宝纹饰不仅限于佛门，而是在日常生活中被广泛应用。在清代宫廷服饰中的礼服、吉服、常服、便服上均可见到八宝纹。

（七）十二章

十二章——十二章由日、月、星辰、山、龙、华虫、宗彝、藻、火、粉米、黼、黻十二种纹饰组成，是天子及皇帝礼服和吉服上的特有装饰。

据《虞书·益稷》篇中记载："予欲观古人之象，日、月、星辰、山、龙、华虫、宗彝、藻、火、粉米、黼、黻，以五彩彰施于五色、作服，汝明。"说明当时周天子的冕服已绘绣有十二章纹饰。

十二章纹饰的含义分别如下：

日、月、星辰，取其光明照临，如三光之耀普照天下。

山，取其镇重，象征天子能镇重，安静四方。

龙，取其善变化其神之意。象征人君能应机布教而善于变化。

华虫，雉也，取其章彩，表示帝王具有文章之美德。

宗彝，宗庙之罍樽，表示帝王不忘宗祖。

藻，水草之有文者，取其洁。象征冰清玉洁之意。

火，取其明，火焰向上有率土群黎向归上命之意。

粉米，若聚米形，取其洁白且能养人，象征有济养之德。

黼，金斧形，白刃而銎黑，取其能割断之意，象征天子临事能决。

黻，两己相背，谓君臣可相济及背恶向善之意。

十二章纹是帝王权威的标志，是天子或皇帝礼、吉服上的特有装饰。据《尚书详解》记载，史前时代的舜禹已在其衣裳上装饰十二章图纹，并且将其作为最高统治者的权力象征。至周代时冕服制度基本完备，十二章纹从此成了冕服中必用纹饰。自此以后，各朝各代在制定本朝的冠服制度时，无一例外都把十二章纹作为最高统治者权力的象征。因此，在中国历代帝王的礼服上一般都能找到十二章纹，只是在用章多寡和所在位置上略有差别。

然而从故宫收藏的清宫服饰来看，有少量清初时期皇帝的礼、吉服上却不见十二章纹饰，这又是为什么呢？原来这与初入关时清朝政权尚未稳固，宫廷礼制尚未健全有关。到了清中期，十二章纹开始出现在乾隆皇帝的袍服之上，并将其作为定制写入了《钦定大清会典》。自乾隆时期开始，清代皇帝礼服中的衮服、朝袍和吉服中的龙袍上便都施

日	月	星辰
山	龙	华虫
宗彝	藻	火
粉米	黼	黻

以了十二章纹。至清代晚期，慈禧太后把十二章纹看得尤为重要，认为只有穿上饰有十二章纹的服装，才享有至高无上的权力。缘于此，原来只有皇帝才能用十二章的定制被突破，从此，在皇太后、皇后的礼服、吉服上也出现了十二章纹。

（八）杂宝

杂宝——古代人将一些象征富贵、寓意吉祥的小物件统称作杂宝。杂宝的范围较广，常见的有银锭、古钱、犀角、珊瑚、宝珠、书、画、卍字、如意、方胜、磬、灵芝、祥云等。杂宝纹在清代服饰上应用较多，不论礼服、吉服、便服都常将杂宝纹用作主体花纹的点缀。有时也用杂宝加上其他纹饰（如牡丹、莲花、菊花、梅花）共同构成吉祥图案"四季进宝"等。

（九）喜相逢

喜相逢——我国民间自古以来一直把"喜"视为人生最大幸事。凡男女婚配均称"喜事"，门前要贴"囍"字。妇女怀孕也常用"有喜"来隐喻。另外，如"恭喜发财""双喜临门""眼前见喜""喜笑颜开""喜上眉梢""欢天喜地""喜气洋洋"等，都表达了人们美好的祝愿和欢乐的心情。"喜"用于装饰，除以两个喜字组成的"囍"外，还多用图案来表示。如：一只喜鹊立于梅花枝头则寓意"喜上眉梢"，喜鹊与古钱组合成为"眼前见喜"，而两只喜鹊相戏的画面，就是"喜相逢"了。后来，人们还将喜相逢图案延伸为两只美丽的蝴蝶相对。在清代帝后的婚庆服饰上除会绣上喜字外，后妃的便服中常常会使用更富有装饰感的喜相逢纹团花。

缎绣喜相逢补子

（十）灯笼纹

灯笼纹——我国农历正月十五是上元节，由于在这一天家家户户都要吃元宵，故又被俗称元宵节。传统习俗中在这个节日里还要扎结张挂各式各样、五彩缤纷的彩灯，因而正月十五还被称作灯节。

缂丝灯笼锦补子

灯节是汉族的传统节日之一，历史上欢欢喜喜过新年的一系列喜庆活动也将在这一天达到最后一个高潮。每逢正月十五之夜，大街小巷均张灯结彩，人们点起万盏花灯，携亲伴友出门赏灯、逛花市、放焰火，欢度佳节。传统的上元节主要民俗活动除了吃元宵、赏灯以外，还有舞龙、舞狮、跑旱船、踩高跷、扭秧歌等，这些习俗自汉代形成后就一直延续下来。与灯节习俗相应，历代灯笼制作技术也不断发展，灯笼的种类、样式更加琳琅满目，灯笼所用的工艺更加精美细致，灯笼上装点的纹饰也更加丰富多彩。渐渐地人们还把作为欢乐喜庆标志的灯笼纹，应用到包括服饰在内的各类装饰之中。宋代时在四川成都出产的一种名为"天下乐锦"的名贵织锦，它的主体纹饰就是各式各样精美的宫灯，这种锦也被叫作"灯笼锦"。清代宫廷服饰中灯笼纹的应用仍然比较广泛，时常还会在灯笼纹上加饰谷穗和蜜蜂，寓意为"五谷丰登"，借此表达人们期盼丰收的美好愿望。每逢正月十五，紫禁城内张灯结彩，后妃们便会穿起带有灯笼纹的服装，聚在一起赏月、观灯、吃元宵。

第五章

清代宫廷服饰的鉴藏与保养

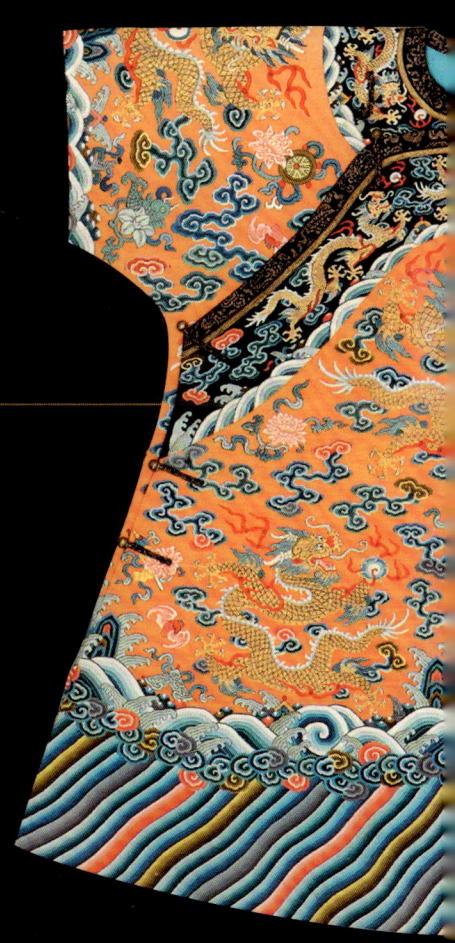

一、清代宫廷服饰的市场现状

（一）清代宫廷服饰的外流

1840 年鸦片战争以来，中华民族饱受列强欺凌，大批中国历代珍贵文物因为战争或其他方式流失海外。在众多流失于国外及流散于民间的文物当中，就包括清代宫廷服饰。这些仅供皇室专用的清代宫廷服饰，又是怎样流散到民间继而流失到异域的呢？首先，由于晚清宫中管理的废弛，一些太监趁机偷窃宫里的物品然后转卖至民间市场。据《清光绪朝实录》记载，光绪年间，紫禁城中长春宫失火，大火被扑灭后在清点财产时，竟然发现有八件龙袍不知去向，遂对长春宫的太监、宫女逐一严加拷问。但审了一月有余竟然毫无进展。后来不得已派人乔装打扮，以商人购买上好花衣为名各处找寻，最后竟在南城半壁街的一个估衣局内发现了长春宫所丢龙袍！之后，经过连夜查抄审问，最终得知原来是长春宫太监王来和盗出变卖。其次，一部分贵族或大臣的后代由于家道没落，将宫中所赐物品加以典当或变卖。在这种情形下，一些西方传教士等得以趁机从民间大肆搜罗宫廷物品并转运海外。另外，由于各种原因移居海外的清朝遗老遗少也会将少量宫廷物品随身携出。以上这些是造成包括清代宫廷服饰在内的宫廷物品遗失外流的部分原因。

圆明园海晏堂铜版画

然而，大量清代宫廷文物的流失，主要还是由于在清朝末年西方列强两次入侵京城后，肆无忌惮地掠夺造成的。清代宫廷服饰也与其他皇家奇珍异宝一样，没能逃过惨遭洗劫的厄运。

咸丰十年（1860）十月初，英法联军兵临北京城下，咸丰帝携带家眷及近臣由圆明园逃往热河，侵略者随即开始在被称为"万园之园"的圆明园大肆劫掠。关于当时侵略者在圆明园内抢劫包括服饰等在内的宫廷织绣品的情况，可从时任英军司令格兰特的书记官斯温侯所写《1860年华北战役纪要》中窥见一斑。他在这本纪要中写道："由于将军（指格兰特）现在不反对掠夺，任何人皆可得到允许离开军营，涌向圆明园。……军官和士兵、英国人与法国人，以一种不体面的举止横冲直撞，每一个人都渴望抢到一点值钱的东西……在一间屋子里，你可以看到好几个不同等级的军官与士兵钻到一个箱柜里，头碰头，手撞手，竞相搜寻与抢夺里面的物品。而在另一间屋里，一大群人正争先恐后地翻弄着一堆华美的龙袍。……右边的丝绸库被冲开了，十多个人奔进那如山的、大捆的名贵丝绸与刺绣堆中。……尽管抢劫者将它们一车一车的运走，库房内的织绣品依然堆积如山，遍地都是……"英国公使额尔金于十月十八日下令纵火焚烧圆明园，大

联军头目在西苑合影，中立者即为联军总司令瓦德西

联军头目坐在乾清宫宝座上

火烧了整整三天三夜，使这座享有"万园之园"及"东方凡尔赛宫"等美誉的圆明园，在被英法联军劫掠一空后惨遭焚毁殆尽。包括咸丰帝后在园中的所有御用服饰及皇家织绣品一并荡然无存。

在圆明园遭洗劫四十年后的光绪二十六年（1900）八月，由英、法、德、美、日、俄、意、奥等国组成的八国联军，再度攻陷北京城，并迫使光绪皇帝与慈禧太后匆忙离开皇宫逃往西安。八国联军占领北京后，竟然特许军队在皇宫公开抢劫三日。就连皇宫三大殿丹墀上所陈设的鎏金铜缸上的黄金，也被侵略军用刺刀全部刮去。西苑（今中南海）中的仪鸾殿，原本是慈禧太后垂帘归政后颐养天年的住所，其内精美绝伦的艺术品和极尽奢华的生活用品应有尽有。八国联军攻陷并占领北京后，联军总司令瓦德西竟然把他的司令部就设在西苑的仪鸾殿。当瓦德西最终从这里迁出时，仪鸾殿及西苑内早已被洗劫一空。经过这两次劫掠，西方列强损毁和劫掠了我国数量巨大的珍贵文化遗产。

(二) 清代宫廷服饰的市场价格

清末，大量宫廷皇家珍玩及日用品流失民间及海外。其中清代宫廷服饰除一部分现在已经被一些国家和地区的博物馆收藏外，至今仍有不少散落在民间，为私人所持有。因此，在国内外一些艺术品拍卖会及旧货市场上，常常会见到清代宫廷服饰的身影。其价格近年来也一直呈现攀升势头。

2005年，中国嘉德国际拍卖有限公司的一场名为"锦绣绚丽巧天工——耕织堂藏中国丝织艺术品"春季拍卖会上，就汇聚了不少包括清代服饰在内的中国古代丝织品。而这些清代服饰拍品的大部分均来自宫廷，过去曾经都是帝后或高官显贵的专享。从这批清代宫廷服饰拍品的实物现况来看，绝大部分都保存良好、品相较佳。试举几件为例：

清雍正明黄段缎五彩云蝠金龙袍料——该袍料除没有接袖和马蹄袖外，其前后片基本保存完好。估价18万至25万元人民币，最终成交价69.3万元人民币。

清雍正明黄缎绣五彩云蝠金龙袍料

清乾隆明黄缎绣五彩云龙十二章龙袍——此龙袍虽明显有穿着使用过的痕迹,马蹄袖也似非原配,但整体品相尚可。估价8万至12万元人民币,最终成交价66万元人民币。

清同治赭色缎绣平金银兰花万寿纹便袍——此便袍为立领,右衽,平袖,绣工精巧、色彩鲜丽。估价约3万元人民币,最终成交价11万元人民币。

清乾隆明黄缎绣五彩云龙十二章龙袍

清同治赭色缎绣平金银兰花万寿纹便袍

清 代 宫 廷 服 饰

清光绪水绿绸绣花卉蝶便袍

清乾隆明黄缎绣十二章龙袍

明黄地缂丝云海八宝吉祥纹龙袍

清光绪水绿绸绣花卉蝶便袍——此便袍圆领，平袖，在水绿绸地上彩绣花卉蝶图案并镶牡丹蝶绦边。工艺精湛、色彩鲜艳。估价3.5万元人民币，最终成交价4.1万元人民币。

2008年6月7日，中贸圣佳拍卖公司所拍一件清乾隆明黄缎绣十二章龙袍。估价35万至45万元人民币，成交价67.2万元人民币。

2011年12月11日，华艺国际拍卖公司的一件清中晚期明黄地缂丝云海八宝吉祥纹龙袍。估价60万至80万元人民币，成交价126.5万元人民币。

2012年6月3日，澳门中信拍卖公司的一件清中期明黄缎绣五彩云鹤暗八仙龙袍。估价280万港币，成交价322万港币。

另据报道，2015年6月8日，北京保利2015年春季拍卖会"垂裳——海外藏家珍藏明清织绣服饰"专场在北京举行，共推出144件清宫服饰拍品，总成交额达到2300余万元。其中，清顺治满绣彩云金龙纹满文龙袍以460万元成交，拔得头筹。从数年间拍卖成交价的结果来看，市场上清代宫廷服饰价格上扬的走势十分明显。

清顺治满绣彩云金龙纹满文龙袍

二、清代宫廷织绣服饰的真伪鉴别

只要是在市场上，一般商品就都会有真假优劣之分，要想准确辨识清代宫廷织绣服饰，重点是要把握宫廷织绣服饰的基本特征，通常情况下，我们可以从看形、看工、看细节等几个途径进行。

（一）看形

看形是指当面对一件尚不辨真假的清代宫廷服饰时，第一眼就先看外形对不对或像不像。那么，和谁去比对呢？我们都知道清代宫廷服饰中的礼服和吉服等都是受冠服制度约束的，必须严格执行《钦定大清会典图》去制作。因此，一般情况下比对的标准首先就是《钦定大清会典图》。完全不符合典制的，即连形都不似的所谓清宫服饰肯定是要打问号的。但要特别注意的是，清代宫廷服饰在各个时期是各有其特点的，如清代冠服制度在清早期时就尚不完备，至清中期时才最终确立，而到了清晚期时又出现了变化等。因此，不能不分具体情况仅凭与《钦定大清会典图》的对照，简单做出真假的判断。但只要我们不仅掌握清代服饰制度的基本内容，还了解不同时期清代宫廷服饰的特征，包括形制、纹饰、色彩以及工艺水平的差异，就能够比较准确地对其真假优劣做出最终判断。因此，所谓看形的形，不仅仅是看是否和冠服制度对得上，还包括看服饰的色彩、纹饰和工艺等所有外在的信息。例如在清代宫廷服饰之中有不少色彩和纹饰的使用都是有专门规定的，不得用错。并且清代早、中、晚各时期在服饰用色风格上也有很大不同，如早期风格古朴、中期活泼鲜亮、晚期略显艳俗等。从纹饰题材来说，有些纹饰题材如龙、凤等是继承传统的，但不同时期风格也有所差别。有些纹饰题材（如玉兰花）只在慈禧太后时期才较多出现等。只要平时注意多学习多积累，清代宫廷服饰上的这些特征还是能够把握的。

（二）看工、料

所谓看工即是观察一件服饰整体的工艺水平，通俗讲就是看活好不好。工艺的好坏由工具和工匠两部分组成，所谓工欲善其事必先利其器。由于是御用的缘故，凡承制宫廷服饰各环节所用纺织工具都是当时最先进和最可靠的。所役使工匠，不论织工还是绣工也必是当时最顶尖的高手。因此，真正的宫廷服饰的匹料一定是光滑紧致、均匀平整的。其绣活也一定是劈丝精细、针脚平齐的。从用料上看，清代制作宫廷服饰从来都是不惜工本，大到帝后龙袍，小到香囊荷包，件件货真价实。并且，绝大部分的宫廷服饰在织造和刺绣时都会大量使用纯金制成的金线，同时还会有大量的珍珠、珊瑚等珠宝钉缀其上。绝不会以次充好和偷工减料。即便到了晚清整体织绣工艺水平出现滑落，但仍不失较高水平。

（三）看细节

形式、工艺及用料都基本符合的情况下，从一些细微之处入手认真观察，则不仅可以强化对清代宫廷服饰真假优劣的判断，甚至还可能帮助我们对其做出更加精确的判断。例如，若从纹饰上的细节来仔细观察，就会发现由顺治到宣统的两百多年间，服饰上的纹饰即便是相同的题材，在一些细节上也会存在着差别，而这些差别正是将清代宫廷服饰做出精确断代的依据。例如，从清初的顺治皇帝到末代的宣统皇帝，仅宫廷服饰上龙纹的变化就从没停止过，只不过这种变化过程相对缓慢，变化的程度也相对细微而已。

但这个变化依然是有规律可循的。如果掌握了清代龙纹前后期变化的规律和特征，就能发现在清代宫廷服饰上各时期的龙纹是存在着较明显差别的。除此，从袍袖的尺寸上看，清中期以前都是宽袍窄袖。到了中期以后部分衣袖逐渐宽起来，特别是在道光时期，曾一度出现极为夸张的宽袍宽袖的袍服形式。而到了晚清时期又出现了逐渐向窄身窄袖发展的趋势。另外，清代宫廷服饰在各个不同的时期，都会有一些本时期特别崇尚或独有的衣着色彩、纹饰题材和装饰风格。这些都是我们在判断某一件清代宫廷服饰的真假优劣时所必须了解并加以注意的。总之，在经过了看形、看工料、看细节后，通过综合的分析和判断，是可以准确识别出清代宫廷服饰以及宫廷其他织绣品的真假优劣的。

三、丝、棉、麻、毛等材质收藏品的日常管理与保护

清代宫廷服饰的绝大部分都是蚕丝制品，少部分为棉、麻、皮毛制品。而丝、棉、麻、毛等材质制品的一个共同特征是它们都属于天然纤维所制。其中丝、毛是动物纤维，棉、麻为植物纤维。这些动、植物纤维有着天生的脆弱性，如易霉变、易褪色、易虫蛀、易老化等。因此，织绣服饰类藏品的日常管理和保护注定要比管理和保护陶瓷、金石等材质的藏品难得多。

（一）忌光照

首先，丝、棉、麻、毛等收藏品的一个共同弱点是怕强光长期照射。一方面过强的光线会引起这类织物明显褪色，即便是白色也会发生色度的改变。另一方面，长时间强光的照射会加速纤维的老化，使其过早失去原有的光泽和韧性。因此，丝、棉、麻、毛等藏品收藏环境的光线越暗越好。即便遇有展示、拍摄、科研等需要时，也要适当降低光照度和尽量缩短光照时间。

（二）忌潮湿

丝、棉、麻、毛等藏品的另一个共同弱点是，一旦具备适于霉菌生长的条件时，如收藏环境阴暗潮湿，就一定会发生霉变。而霉变对于丝、棉、麻、毛等类藏品来说无异于灭顶之灾，严重的霉变可以将这类藏品完全毁损。所以收藏丝、棉、麻、毛等类藏品的环境一定要保持相对干燥和适当通风。在博物馆等有条件的情况下，将丝、棉、麻、毛等藏品经过环氧乙烷除菌后，存放于密闭的、恒温恒湿（其温度保持在15℃～20℃，湿度控制在50%～60%）的库房里是最佳的选择。但如果保管条件尚不完全具备上述条件，则就要严密监视收藏环境的湿度变化。当室内湿度过高，而室外相对干燥时，可以打开门窗或设备为室内通风。如遇到像我国南方一些地区的梅雨季节，室外空气湿度极高的情况时，则要密闭门窗，有专门除湿设备的要及时开启除湿设备，以降低室内环境湿度。没有相关除湿设备的库房就必须增加巡视，每天都要打开箱柜查看，并且最好将每件织绣藏品都单独码放，使之相互之间不发生叠压，以方便密切观察藏品状况。如果能做到上述防范，不仅可最大限度防止丝、棉、麻、毛等藏品霉变的发生，而且一旦出现霉变苗头亦可及时发现并立即采取相应补救措施，特别要注意的是为防止手上的汗液、污渍污染藏品，只要接触这类藏品一定要戴上干净的手套。

（三）忌蛀虫

由于在丝、毛纤维内部含有大量的动物蛋白，因而，一旦外因条件具备时就很容易滋生蛀虫。这些蛀虫以丝、毛纤维中的蛋白质为食物，而且繁殖生长迅速，稍有疏漏而未能及时发现，织物可能已被蛀虫嗑得千疮百孔，从而造成织物的严重损坏。因此，丝、毛类织物藏品在保存过程中还有一个要特别注意的问题就是防虫。

要防止丝、麻类织物不生蛀虫，除了保持织物的干爽清洁外，目前普遍采取又行之有效的方法就是适当投放防虫剂。在博物馆里，过去主要是使用纯樟脑粉做防虫剂，这是因为长期的实践证明纯樟脑粉既有明显的防虫效果，又不会对织物产生任何不良副作用。其使用方法是将樟脑粉用透气性较好的高丽纸包成若干小包，放置于存放丝毛藏品的密闭箱柜里，要注意的是随着樟脑粉的不断挥发应注意及时补充投放。

当前，随着高新技术的发展，新技术和新设备不断投入到藏品库房的运用中。目前在一些博物馆及收藏机构中，随着现代化库房的启用，人工投放樟脑粉等防虫剂的做法已经不再使用了，换之是将丝、毛类藏品在入库前先经过科学的除菌及杀虫过程，然后再将其存放于密闭、恒湿、恒温、避光的库房里。这样的环境可以确保丝、棉、麻、毛藏品的绝对安全。

图 录

山顶洞人的骨针 /4

新石器时期陶纺轮 /5

清太祖努尔哈赤像 /11

清太宗皇太极像 /12

博古幽思（《雍正妃行乐图》）/17

持表对菊（《雍正妃行乐图》）/17

观书沉吟（《雍正妃行乐图》）/17

合璧连环（《雍正妃行乐图》）/18

烘炉观雪（《雍正妃行乐图》）/18

捻珠观猫（《雍正妃行乐图》）/18

立持如意（《雍正妃行乐图》）/18

裘装对镜（《雍正妃行乐图》）/18

桐荫品茶（《雍正妃行乐图》）/18

消夏赏蝶（《雍正妃行乐图》）/18

倚门观竹（《雍正妃行乐图》）/18

烛下缝衣（《雍正妃行乐图》）/18

《钦定大清会典图》书影 /20

乾隆香色纳纱绣八团喜相逢纹吉服袍 /21

道光红色缂丝八团花蝶纹吉服袍 /21

《大清会典图》中的皇帝夏朝袍 /22

弘历雪景行乐图 /23

皇后无水八团龙袍图样 /26

披肩与弓 /30

展开和挽起的马蹄袖 /30

孝贞显皇后便服像 /32

慈禧太后便服照（着色）/32

乾隆朝服像 /37

皇帝冬朝袍图样（前）/39

皇帝冬朝袍图样（后）/39

康熙　明黄色缎绣云龙纹镶海龙缘貂皮朝袍 /41

雍正　月白色云龙纹妆花纱夹朝袍 /42

乾隆　蓝色缎绣彩云金龙夹朝袍 /43

嘉庆　大红色缎绣彩云金龙夹朝袍 /44

嘉庆　明黄色绸里黑狐皮端罩 /45

乾隆　石青色缎缉米珠绣四团云龙夹衮服 /46

孝贤纯皇后朝服像 /47

末代皇后婉容朝服照 /47

乾隆　明黄色缎绣云龙金版嵌珠石皮朝袍 /49

嘉庆　明黄色纱绣彩云金龙纹夹朝袍 /50

乾隆　石青色缎绣云龙金版嵌珠石夹朝褂 /51

道光　石青色绸缉米珠绣云龙夹朝褂 /52

康熙　红色织金团寿石青云龙妆花缎朝裙 /53

乾隆　大红色团寿织金缎接石青色寸蟒妆花缎金版嵌珠石夹朝裙 /54

皇帝十二章龙袍图样 /56

顺治　黄色八团云龙妆花纱夹龙袍 /57

顺治　明黄色云龙妆花纱夹龙袍 /58

雍正　明黄色缂线绣云龙天马皮龙袍 /59

雍正　明黄色缎绣云龙银鼠皮龙袍 /60

乾隆　缂金彩云蓝龙青白肷狐皮龙袍 /61

乾隆　明黄色缎绣彩云黄龙夹龙袍 /62

乾隆　蓝色江绸平金银缠枝菊龙纹夹龙袍 /63

乾隆　明黄纱双面绣彩云金龙单龙袍 /64

打开的双面绣龙袍 /65

双面绣龙袍局部 /65

嘉庆　金黄色缂丝云龙纹蟒袍 /66

皇后有水八团龙袍图样 /68

皇后八团龙褂图样 /68

顺治　明黄色织八团云龙妆花纱单龙袍 /69

康熙　明黄色织八团龙盘寿字妆花缎夹龙袍 /70

雍正　雪青色八团云龙妆花缎绵龙袍 /71

雍正　明黄地满织彩云金龙妆花绸绵龙袍 /72

乾隆　杏黄色纱缀八团云龙夹龙袍 /73

乾隆　香色缎绣八团云龙夹龙袍 /74

乾隆　香色纳纱八团喜相逢吉服袍 /75

乾隆　明黄色纱绣八团富贵平安吉服袍 /76

乾隆　绿色缎绣博古纹吉服袍 /77

乾隆　雪灰色缎绣四季花篮吉服袍 /78

乾隆　绿色缎暗团龙吉服袍 /79

道光　大红色缂丝加绘八团梅兰竹菊纹吉服袍 /80

光绪　大红色绸绣八团龙凤双喜字吉服袍 /81

清早期　红纱满纳回文锦地绣彩云金龙吉服褂 /82

康熙　石青色织八团龙盘寿字妆花缎夹龙褂 /83

乾隆　石青色缎缀绣八团喜相逢吉服褂 /84

乾隆　石青色缎缀绣八团喜相逢吉服褂（局部）/85

光绪　石青色绸绣八团龙凤双喜字吉服褂 /86

康熙皇帝写字像 /88

乾隆　酱色暗花缎常服袍 /89

乾隆　蓝色暗花绸常服袍 /90

同治　柳绿色羽毛缎常服袍 /91

光绪　草绿色暗花绸常服袍 /92

道光　银灰色暗花缎常服袍 /93

同治　明黄色江绸常服袍 /94

光绪　月白色泰西纱常服袍 /95

乾隆　石青色缎常服褂 /96

乾隆　石青色缎女常服褂 /97

乾隆　石青色暗花缎女常服褂 /98

康熙　大红色寸蟒妆花缎行服袍 /100

康熙　油绿色云龙纹暗花缎行服袍 /101

康熙　石青色缎银鼠皮行服褂 /103

雍正　酱色羽毛缎行服裳 /104

雍正　梅花鹿皮行服裳 /104

皇帝冬雨冠（皇帝雨冠）/105

皇帝夏雨冠（皇帝雨冠）/105

皇帝雨衣一式 /106

皇帝雨衣二式 /106

皇帝雨衣三式 /106

皇帝雨衣四式 /107

皇帝雨衣五式 /107

皇帝雨衣六式 /107

皇子雨衣一式 /107

皇子雨衣二式 /107

皇帝雨裳一式 /108

皇帝雨裳二式 /108

康熙　大红色水波纹羽纱雨服 /109

乾隆大阅图 /111

乾隆（复制）努尔哈赤红闪缎面铁叶盔甲 /112

乾隆（复制）皇太极蓝色缎绣龙纹铁叶盔甲 /113

顺治 品月色锁子锦盔甲 /114

康熙 明黄色缎绣彩云金龙纹大阅甲 /115

康熙 石青色缎绣彩云蓝龙绵甲 /116

雍正 月白缎绣金龙绵甲 /117

乾隆 明黄色缎绣彩云金龙纹大阅盔甲 /118

乾隆 金银珠云龙纹盔甲 /119

乾隆 蓝地万字织金缎绵甲 /120

清中期 石青地万字织金缎绵甲 /120

清中期 明黄缎绣金龙绵甲 /121

清中期 人字纹织金缎铁叶盔甲 /122

清中期 蓝缎面铁叶甲 /123

镶黄旗（八旗甲胄）/124

正黄旗（八旗甲胄）/124

正白旗（八旗甲胄）/124

镶白旗（八旗甲胄）/124

镶红旗（八旗甲胄）/124

正红旗（八旗甲胄）/124

正蓝旗（八旗甲胄）/124

镶蓝旗（八旗甲胄）/124

珍妃便服照 /126

清末着各式坎肩的妇女 /126

乾隆 蓝色暗花纱便袍 /127

同治 杏黄色菊蝶纹实地纱画虎皮便袍 /128

光绪 宝蓝缎绣平金云鹤夹便袍 /129

道光 洋红缎彩绣牡丹蝶夹氅衣 /130

同治　明黄色葫芦双喜字织金绸绵氅衣 /131

光绪　品月色缎绣玉兰蝶夹氅衣 /132

光绪　粉红色纱绣海棠花单氅衣 /133

光绪　红色纱绣百蝶金双喜单氅衣 /134

光绪　明黄色绸绣葡萄纹夹氅衣 /135

光绪　明黄色绸绣牡丹平金团寿字单氅衣 /136

同治　绿纱绣折枝梅金圆寿字衬衣 /137

光绪　雪青色直径纱纳绣竹子纹衬衣 /138

光绪　品月色缎平金圆寿字菊花绵衬衣 /139

光绪　品月色缂丝凤凰梅花皮衬衣 /140

光绪　明黄色缎绣玉兰蝴蝶夹衬衣 /141

嘉庆　明黄色葫芦花暗花春绸草上霜皮马褂 /142

嘉庆　明黄绸里熏貂皮双喜字皮马褂 /143

清晚期　蓝色团八宝暗花漳绒夹马褂 /144

光绪　宝蓝缎绣平金云鹤夹马褂 /145

光绪　果绿色暗花缎皮马褂 /146

光绪　蓝色缎缉米珠绣栀子天竹花夹马褂 /147

光绪　品月色缎绣绣球花夹马褂 /148

光绪　石青缎绣瓜瓞绵绵夹马褂 /149

光绪　绛色缂金银水仙花夹马褂 /150

清晚期　明黄绸绣绣球花绵马褂 /151

清晚期　绛紫色绸绣桃花团寿镶貂皮夹马褂 /152

清晚期　草绿色绸绣牡丹圆寿字夹马褂 /153

同治　石青色绸绣平金百蝶大襟夹褂襕 /154

同治　酱色缎钉绫加绣花蝶夹紧身 /155

同治　石青色缎绣牡丹蝶夹紧身 /156

光绪　茶青色缎绣牡丹夹紧身 /157

光绪　品月缎绣百蝶团寿字夹褂襕 /158

光绪 绛红色漳绒三多纹夹紧身 /159

清晚期 月白色暗八仙万字牡丹织金缎夹紧身 /160

清晚期 品月色万代团寿梅花织金缎紧身 /161

宣统 湖色缎绣孔雀开屏人字襟紧身 /162

顺治 明黄色云龙妆花缎夹裤 /163

同治 杏黄色菊蝶纹实地纱画虎皮小夹套裤 /164

光绪 明黄色绸绣兰荷蝶单套裤 /165

清晚期 藕荷色大洋花妆花缎夹缅裆裤 /166

康熙 沉香色织海棠葡萄纹暗花绸斗篷 /167

清早期 石青色云蟒纹妆花纱单朝袍 /169

清晚期 石青四合如意云纹暗花缎平金蟒纹夹朝服 /170

文一品仙鹤补子 /171

文二品锦鸡补子 /171

文三品孔雀补子 /171

文四品云雁补子 /172

武一品麒麟补子 /172

武四品虎补子 /172

都御史獬豸补子 /172

文一品补子：鹤（清文官补子图案）/173

文二品补子：锦鸡（清文官补子图案）/173

文三品补子：孔雀（清文官补子图案）/173

文四品补子：雁（清文官补子图案）/173

文五品补子：白鹇（清文官补子图案）/173

文六品补子：鹭鸶（清文官补子图案）/173

文七品补子：鸂鶒（清文官补子图案）/173

文八品补子：鹌鹑（清文官补子图案）/173

文九品补子：练雀（清文官补子图案）/173

武一品补子：麒麟（清武官补子图案）/174

武二品补子：狮（清武官补子图案）/174

武三品补子：豹（清武官补子图案）/174

武四品补子：虎（清武官补子图案）/174

武五品补子：熊（清武官补子图案）/174

武六品补子：彪（清武官补子图案）/174

武七品、八品补子：犀（清武官补子图案）/174

武九品补子：海马（清武官补子图案）/174

清晚期 石青地绛金云鹤纹一品文官补服 /175

清晚期 元青色团寿字暗花绸绣鹭六品文官补服 /175

文、武四至六品官员蟒袍 /176

清早期 石青色妆花缎蟒褂 /177

慈禧太后扮观音照 /179

清早期 绛色云龙暗花缎喇嘛衣 /180

清早期 大红色织金缎璎珞衣 /181

乾隆 片金镶红色勾莲织金缎大坎肩 /182

乾隆 片金斗篷 /183

乾隆 片金通人冠 /184

《乾隆皇帝佛装像》唐卡 /184

乾隆 片金藏帽 /184

皇帝冬朝冠 /185

皇帝夏朝冠（前）/186

皇帝夏朝冠（后）/186

亲王朝冠顶（红宝石）/186

六品朝服冠顶（砗磲）/187

清 皇后冬朝冠 /188

清 皇后冬朝冠（局部）/189

清 皇帝熏貂皮冬吉服冠 /190

清 文、武五品吉服冠 /191

清 文、武六品吉服冠 /191

清 文、武七品吉服冠 /191

清 皇帝冬常服冠 /192

清 皇帝冬行服冠 /192

道光 皇帝夏行服冠 /192

清晚期 缉珠绣万福万寿如意帽 /193

清晚期 缉珠绣长寿如意帽 /193

清晚期 缎绣长圆寿字如意帽 /193

光绪 石青色缎缉米珠灯笼纹如意帽 /194

光绪 铜镀金累丝点翠嵌珠石凤钿 /195

清晚期 镶珠点翠花钿 /196

道光 银镀金点翠嵌宝石凤簪 /198

同治 银镀金点翠嵌宝石蝴蝶钗 /199

清晚期 白玉万寿字扁方 /200

清晚期 金嵌宝石扁方 /200

清 后妃金环嵌东珠耳坠 /201

清中期 金镶青金石金约 /202

嘉庆 青绒银镀金嵌珠石头箍 /203

孝和睿皇后朝服像 /204

道光 蜜蜡朝珠 /205

咸丰 东珠朝珠 /206

咸丰 青金石朝珠 /207

清 金镶伽南香嵌金珠米珠长圆寿字手镯（一对）/208

清 椭圆翡翠手镯（一对）/209

清 圆形翡翠镯（一对）/209

清 珊瑚十八子手串 /209

清 碧玺十八子手串 /210

清 金里镶翠戒指 /211

清乾隆　碧玉刻诗文扳指 /211

清　白玉扳指 /212

清　银鎏金累丝嵌珠石指甲套 /212

皇帝朝带一 /213

皇帝朝带二 /213

康熙　吉服带 /214

嘉庆　吉服带 /215

康熙　行服带 /216

光绪　红色缎平金锁线绣龙凤呈祥活计 /218

光绪　明黄色缎绣太狮少狮百鸟朝凤活计 /219

清　大红色缎绣花卉采帨 /220

康熙　黄色缎缉米珠绣朝靴 /222

康熙　石青色漳绒缉米珠绣朝靴 /223

道光　红色缎绣花卉马蹄底鞋 /224

光绪　月白色缎绣花卉钉料石花盆底鞋 /225

光绪　月白色缎绣竹子元宝底鞋 /225

康熙　明黄色缎绣彩云金龙高勒绵袜 /226

乾隆　白色绫画花蝶夹袜 /226

康熙御笔江宁织造 /230

在原址修建的江宁织造博物馆 /233

宋式锦 /234

彩鳞宝相花锦 /237

暗花绫组织结构 /237

五棱罗组织结构 /238

江绸组织结构 /239

五枚二飞缎组织结构 /240

直径纱组织结构 /241

菊花纹漳绒 /241

月白江山万代漳绒 /242

打籽绣海水江崖 /244

缉珠绣团龙补子 /244

纳绣葫芦喜字荷包 /244

缂丝夔龙捧寿补子 /245

元代纳石矢佛衣披肩 /246

四合如意云八宝八仙织金缎 /247

《天工开物》中的花楼机 /248

墨绿地勾莲八宝妆花缎 /248

皇后无水八团龙袍图样 /251

明黄色缎绣葡萄蝶氅衣料 /253

"上用龙袍"衣料盒 /254

红木雕曲水万寿衣料盒 /254

"珍珠龙袍"衣料盒 /254

缉米珠珊瑚珠绣团正龙补子 /258

缉线绣凤穿牡丹补子 /259

杏黄色团凤灯笼妆花缎 /260

杏黄地松鹤纹织金锦 /261

吉庆有余绣片 /262

五福捧寿图案 /263

缂丝福庆如意 /263

蓝色彩织灵仙祝寿锦裱片 /265

红缎绣牡丹蝶 /266

石青缎绣瓜瓞绵绵 /266

葫芦（八仙）/268

温凉扇（八仙）/268

竹笛（八仙）/268

鱼鼓筒（八仙）/268

莲叶（八仙）/269

宝剑（八仙）/269

花篮（八仙）/269

阴阳板（八仙）/269

大红色八仙富贵妆花缎/269

缂丝海水江崖/270

清宫服饰上的斜万字衣边/271

粉色地古钱纹三多寿字妆花缎/272

法螺（七珍八宝）/273

法轮（七珍八宝）/273

宝伞（七珍八宝）/273

白盖（七珍八宝）/273

莲花（七珍八宝）/273

宝瓶（七珍八宝）/273

金鱼（七珍八宝）/273

盘长（七珍八宝）/273

墨绿地勾莲八宝妆花缎/274

日（十二章）/276

月（十二章）/276

星辰（十二章）/276

山（十二章）/276

龙（十二章）/276

华虫（十二章）/276

宗彝（十二章）/276

藻（十二章）/276

火（十二章）/276

粉米（十二章）/276

黼（十二章）/276

黻（十二章）/276

方胜（杂宝）/277

古钱（杂宝）/277

宝珠（杂宝）/277

磬（杂宝）/277

书（杂宝）/277

画（杂宝）/277

犀角（杂宝）/277

珊瑚（杂宝）/277

银锭（杂宝）/277

灵芝（杂宝）/277

如意（杂宝）/277

祥云（杂宝）/277

缎绣喜相逢补子 /278

缂丝灯笼锦补子 /278

圆明园海晏堂铜版画 /284

联军头目在西苑合影，中立者即为联军总司令瓦德西 /285

联军头目坐在乾清宫宝座上 /285

清雍正明黄缎绣五彩云蝠金龙袍料 /286

清乾隆明黄缎绣五彩云龙十二章龙袍 /287

清同治赭色缎绣平金银兰花万寿纹便袍 /287

清光绪水绿绸绣花卉蝶便袍 /288

清乾隆明黄缎绣十二章龙袍 /288

明黄地缂丝云海八宝吉祥纹龙袍 /288

清顺治满绣彩云金龙纹满文龙袍 /289